哲学カフェ傑作選

第２集

ロゴスドン編集部編

５０のテーマで世界を探る
明快定義集

ヌース出版

哲学カフェ傑作選　第2集

★目次★

【目次】

［あ行］

【目次】

[か行]

【目次】

【目次】

【目次】

【目次】

【目次】

あ行

◆悪とは何か◆

＊善へと導く意識である

…………　鈴木　康央

仏教国の日本人にはもうひとつわかりにくく馴染みがないけれども、西洋の映画に出てくる「悪魔」というのはいかにもグロテスクで、そして圧倒的に強い。主人公を含む善人たちが大いに苦しめられ、ラストシーンまではたいてい悪魔が勝利を得ている。時にはその強さが頑是無い者たちを惹き付ける。

人間は常々「悪」を意識しておかないといずれ「悪魔」になってしまう、と私は思う。

そもそもいかなる行為にも、またそれに反応する感情にも「悪」など一切含まれていない。殺人も放火も窃盗も、それぞれの行為は人体への損傷及び生命を奪うこと、建築物の燃焼、所有権の無断剥奪であって「悪」というような行為はない。

感情的にも、苦しみ、痛み、悲しみ、怒り、恨み等々であって「悪感情」なるものはない。加害者にすればむしろ満足感、達成感、利得感などを覚えるかもしれない。

と、こんなことを言うと途端に「そういう行為を総称して悪というのだ」と一喝されるかもしれない。しかし、例えば戦争など特殊状況下にあっては、殺人も放火も勲章を授かることにもなり得るし、年金問題などは国家規模の窃盗とも言えるのではないか。現代民主主義の憲法下にあればこそいかなる殺人も容認されないけれども、世が世であれば斬られて当然というケースもあるだろう。私は現代の方が絶対に正しいとは思わない。なぜなら絶対的な「悪」など存在しないのだから、絶対的な「正義」も存在しない筈だ。

ところで、対になる言葉、例えば上下、左右、大小、男女・・・等々は、それぞれがもう一方を意識させるために存在するのである。下があるから上が存在する、小あっての大、女がいるから男として在るのである。

神様の本意は人間を「善」へと向かわせることだと思うが、「善」を知るためにはその対となる概念が必要。そこで神様は「善」と同時に「悪」という概念を人間に授けたのだと思う。言わば人を反省させる種火のような概念である。ただし「悪」はあくまで概念であり、それを意識するかどうかが問題なのである。絶対的な「悪」の行為も感情もない。ある行為に対し、そこに「悪」を意識した時、その人は一歩「善」に近づくことになる。従って全く「悪」を意識しない人間こそ「悪魔」と呼ぶにふさわしい人間なのであろう。

実際、自分は良いことをしているという信念で行動する時ほど恐ろしいものはない。まさに怖いもの知らずの全力で平然と何でも実行してしまう。ある宗教団体による忌まわしい一連の事件を思い出してみるとよい。

地獄の発想や幽霊の想念も、つまるところ「悪」を意識させて後悔を促し、善き方向へと導くための方便であろう。

仏教には「善悪不二」という言葉がある。善と悪とは分かちがたく表裏一体の関係にある、ということだろう。

というわけで、時折少々悪いことをして「悪」を意識し、反省する日々を過ごすというのが良い人の生き方ということになりそうだ。

今日は駅の階段で盲人に腕を貸してあげたし、街中では共同募金に五百円入れたし、帰りに近所の塀の上に置き捨てられた空き缶を持ち帰って捨ててあげたし・・・今日は一日善いことばかりした、などという一日があったら要注意。その時こそ「悪」を全然意識しなかったということで、「悪魔」に近い状態だったのだから。

……………前川　幸士

＊「悪」とは相対的な概念である

一般に、「悪」とは人にとって有害なもの、好ましくないもの、劣ったものを意味する。よくないこと、天災や病気などのような自然現象、不都合な風俗や制度のような社会現象、さらに人倫に反する個人の意志や行為などである。つまり、人にとって否定的と評価される対象、行為、事態をいう。そして、肯定的な価値としての「善」と対比されるものである。

しかし、日本語における「悪」は、元来、剽悍さや力強さを表す語彙としても使用され、否定的な意味に限定されるものではない。例えば、源義朝の長男である源義平は、その戦闘における勇猛さから「悪源太」と称されていたと

★★あ行★★

いう。また、鎌倉時代末期における「悪党」もその典型的な例であり、力の強い勢力を意味する。「悪」は、強いことを表す接頭語として使用されていたのである。

古代の中国では、天の道に反することが「悪」であり、儒教においても人が礼に定められた分に背き、公の秩序を乱すことを「悪」とする。これは、「性善説」を唱える孟子であっても、「性悪説」を唱える荀子であっても同じことである。日本では「突出した」の意から、「悪」が強いものを意味するが、中国では、突出して平均から外れた者は、広範囲かつ支配的な統治を乱すものであり、徴兵した軍隊における連携的な行動、集団による戦闘の妨げになるという。『水滸伝』において、勇猛果敢な侠客たちも最終的には「招安」という形で体制に併合されてしまうのは、その顕著な例ではなかろうか。

古来、中国では一人の突出した武力を持つ者いわゆる一騎当千の兵よりも、軍隊集団を統率し戦略を立てるような軍師が重宝された。また、各地を廻って軍事戦略を説き、行政についての助言も行う経営コンサルタントのような遊説家が活躍した。古代中国の百家争鳴期の思想家はたいていこの遊説家であった。

ここに、中国における「士」と日本における「士」の相違点を見出すことができるのではないだろうか。中国の「士」が、科挙によって資格を得た士大夫、知識人であるのに対して、日本の「士」は、武士・侍であり、基本的には武闘派である。この武闘派集団の世界では、突出した一人の力も極めて有効なものとなり得たのである。

戦場において、名乗りを上げて、敵味方が見守る中で一騎打ちを行うというような合戦は、近代的な戦争の観点から見れば、ある意味悠長なものである。しかし、おそらく鉄砲伝来まで、長篠の合戦辺りまで、このような形式の合戦が日本では主流だったのではないだろうか。古代から太鼓をたたいて士気を鼓舞し、集団による白兵戦を行っていた中国とは、戦争における強さの基準が大きく異なっていたといえる。言い換えれば、日本ではスタンドプレイが許容されるばかりか賞賛されたのである。少なくとも、武士が政権を握っていた源平の争乱期から鎌倉時代の終わりまで、「出る杭は打たれる」というような評価基準・価値観一辺倒ではなかったことになる。現在でも、悪という概念あるいは語彙は、依然として相違を含んでいる。悪が絶対的な否定の概念であれば、通常はそれを人名に使うことなどあり得ないが、旧字であれば人名漢字として使用できるという。

「悪」と対比される概念である「善」が、「真善美」と三つ並んで絶対的な肯定の概念であるもの、価値の代表例であるのに対して、「悪」の概念は相対的な否定の概念である。実際に何が「悪」とされるか、その内容は、その人のおかれた環境、社会構造、精神的能力などによって変化し必ずしも一様でない。それは、諸々の宗教及び道徳と深くかかわり、また哲学的反省の重要な課題でもある。「悪」とは、その人のおかれた環境や社会構造によって変化する相対的な概念である。そういえば、近世の唯物論は「悪」を環境の産物とし、特にマルクス主義では貧困や戦争のような社会悪、利己心や偽善のような個人悪の根源を階級的な搾取と支配に見出している。

◆意識とは何か◆

＊現実世界を生きる精神状態 …………鈴木　康央

神経症という病気がある。器質的にはどこも悪くないのに、精神面、身体面に機能的障害が生じるものである。例えばレントゲンやＭＲＩで調べても何ら問題がないのに、急に立てなくなるとか、突然声が出なくなるといった症状である。つまりは心因による病気である。思い込み、主観的障害と言ってもいいだろう。

即ち神経症というのは意識している状態でのみ存在するのであり、眠った状態など無意識状態では存在しない。従って覚醒時に喋れない人が、夜寝言を言うこともありうる。

無意識の世界というのは、いわば夢の世界であって、そこでは個人は自由にふるまえ、万能感を抱くこともできるわけだ。一方、意識の世界というのは日常の現実世界に他ならない。あるがままの自分、偽りのない自分を曝け出して他人とともに生きていかねばならない世界である。

神経症とは、そういう自分をうまくコントロールできない、自己同一性に問題が生じて発生する症状と考えられる。

ケースによっては、疾病利得ということもありうる。現実世界では病気である方が、多少なりとも生きやすいというわけである。

自閉症児、不登校児についても同様で、彼らは意識の部分より無意識の部分の方が勝っているのである。家では空想（無意識）の世界で遊べるし、スーパーマンにだってなれるのだが、学校へ行くと他の子供と一緒になることで、現実の自分を否応でも見せつけられることになる。

さて、このように考えてみると、意識とは現実世界をともかく生きるための不可欠な精神状態と言えようか。日常誰もが遭遇する大小様々な困難に対し、知性や理性を働かせてひとつひとつ対処していく、その下地となるモードが意識状態である。

また、現実世界では、人は常に選択を迫られ続けている。その結果として現在の自分がいるのである。しかし、選択されなかったもう一人の自分がいる。それを仮に影と呼ぶとすると、その影は無意識の世界へと潜り込んでいく。そして現実の自分の意識状態が弱まった時、例えば睡眠状態という無意識が支配する世界に変わると、影が出現してくる。夢の中で黒い人物、はっきり認識できないおぼろげな人物は、正に自分の影、もうひとりの選択されなかった人生を歩んでいる自分のことかもしれない。はたしてその影はどんな風に生きているのか、映画でも見るように夢を楽しむのも乙なものではなかろうか。

現実世界を生きるには意識モードでなければなるまい。けれども昨今色々ときびしい世の中であるだけに、いっそう無意識に注目してもいいのではないかと思う。夢に限らず、偶然の一致、言い間違い、虫の知らせ・・・これらは無意識の世界から自分自身に何かを伝えようとしているメッセージなのかもしれないのだから。

……………前川　幸士

＊　意識とは継承されるものである

人は死に対して、この上もない恐怖を感じるが、それは自分という存在が死によって消滅してしまうと考えるからである。心とも自我とも呼ばれる人の意識は、大脳の相互作用によって形成されており、脳が機能しなくなることによって消滅する。脳の機能が停止し、意識が回復することのない状態を死亡と判断するのが脳死である。死の恐怖を感じるのは、心や自我といった意識を持つ人間だけであり、他の動物は本能的に危険を察知して恐怖することはあっても、自分がいつかは死ぬであろうことを予測して恐怖を感じることはない。

古来、人々は宗教等によって、死後の世界を創出することで、自分の魂つまり意識を永遠のものとし、それによって自我の安定をはかってきたのである。しかし、古今東西、近代と呼ばれる社会を迎えた頃から、人は神様の存在を信じることはなくなった。宗教者であっても、神や神話を事実としてとらえるのではなく、寓意として考えるようになっている。死後の世界や魂の不滅といったものも、仏教でいうところの「方便」として活用され、神や来世が実在すると本気で信じている人はむしろ少数派であると考えられる。このような現在の社会で、死の恐怖を信仰によって乗り越えることは不可能である。

ターミナルケアでは、自分の人生の意味や死の苦しみの意味、そして死の恐怖の問題に答えを出そうとするが、これは医療者よりも哲学・倫理学者の範疇である。ターミナルケアの哲学とは死生観の問題であるが、広井良典などは現在を死生観の「空洞化」した時代とする。高度経済成長期以降、信仰によらない死生観が求められているのである。歌人の上田三四二は、生涯に二度の大病を患い、一度は生を諦めた。信仰のない上田にとって死は存在そのものの消滅を意味する。生き延びた上田は、ジャンケレヴィッチの大著『死』から「死の向こう側の死」に関心を拡げ、不可知ではあるが直観として「無」である死後よりも、それまでの生をどう生きるかに思いをひそめることとし、『徒然草』から兼好の「徹底した外界にたいする無欲と自己にたいする無為」の生き方、「生き方の極意」を学ぶ。さらに西行の「願はくは花のしたにて春死なんそのきさらぎの望月のころ」の歌に詠まれた心の遊出の極みとしての死、花月による心身浮遊の現世浄土のつづきとしての死後に死後の理想を見出す。さらに、二度目の大病後の「晩年」には、良寛の「つきて見よひふみよいむなやここのとをとを納めてまたはじまるを」「沫雪の中にたちたる三千大千世界またその中に沫雪ぞ降る」の二つの歌から、時間と空間の循環という概念を得て、これを骨格に死生観を形成していく。

また、哲学者である岸本英夫の『死を見つめる心』はガンとたたかった十年間を記録した「闘病記」であるが、そこには「生死観」が現れている。「来世」を信じない岸本は死を「別れのとき」と考える。岸本の記す「生死観四態」の「自己の生命を、それに代わる限りなき生命に托するもの」「現実の生活の中に永遠の生命を感得するもの」が、近代人の思潮に適合する。岸本は「自分の死後、家族や知友が、自分のことを思い出してくれるだろうと考えることは、非常な慰めになった」「自分の生命の代わりに、自分の仕事が、存続してゆく。そう考えることは、たしかに、大きな慰めになった」と書いている。上田三四二も講演「私の死生観」を「上田が変なことを言っていたということだけでもお心に留めていただければさいわいです」と結んでいる。

人間の意識は、その人の大脳の機能が停止しても、継続する。それは、その人を知る身近な人々の意識の中に存在するのである。『万葉集』は死者を弔う挽歌が重要な位置を占めている。古代の日本人は、言霊の力によって死者の魂を生き続けさせたのかも知れない。

◆意欲とは何か◆

＊　意欲とは精神を鼓舞するものである　……………浜田　節子

意欲とは極めて内的なエネルギーの発散であり、脳を刺激する感情である。無欲になるということは意欲の否定ではなく、無欲になろうと強く願う意欲のことである。

意欲は環境に左右されるものであれば、他人との比較、世界への挑戦など指標があって生ずるものである。乳幼児は生きるために栄養補給を泣いて欲するが、それは本能の領域に属する根源的な意欲の発端であり、歩き、走り、学び成長していく過程は、意欲なしには叶わない。

意欲には認識の浅いものから強烈な熱望に支えられるものがあるが、一般に意欲とは現今を逸する積極的な状態をさす。意欲は元来個人に内在するものであるが、同じ目標に立ち向かう場合、多人数が結集し同じ方向性の意欲を抱くことで目的を達成する場合が往々にしてある。

意欲を端的にいえば、「生きている証拠」である。死にいたった人間に意欲は微塵も認められない。しかし、また部分的な欠損による意欲の低下という現象はあるが、それを克服しようとする意欲もある。

意欲とは自分を奮い立たせる精神作用であれば、ゼロ以下マイナスの意欲というものは存在しない。ただ、正負にたとえて善悪などを図る考え方では悪行を負とし、善行もしくは向上心などを正とすることはあるかもしれない。

また認知の病状にあっても、業としての無意識の意欲は、生きてある限り否定できないどころか、むしろ露呈するのではないか。意欲とは日常をつかさどる生への執着にほかならない。

仮に意欲における美醜があるとすれば、それはその人の品性に因るもので、思いがけない意欲の発露を否定し鎮めることや、反対に、無理にも精神を叱咤激励して奮い立たせる意欲もあるかもしれない。

「意欲」とは、複合的な条件の迷路のなかで、強く願い、自身を鼓舞する精神の働きのことである。

……………山下　公生

＊　意欲とは神の招きへの応答である

意欲が高いとは気力が充実し、やる気に満ちた状態を表し、一般的にはその対象となるものには学問習得における学習意欲、仕事に対する労働意欲などが頻繁に論議されることが多い。つまり学習意欲を高めるためには、どのような教育方法が適切か、あるいは労働意欲を高める経営方針は、如何にあるべきかなどである。酒やギャンブルなどの場合は、その意欲を高めることを審議することは無意味であり、如何にして溺れずして楽しむかに意味がある。つまり意欲とは、その対象が学問であったり、仕事であったり、またスポーツや文化活動などの社会的に有意義な活動に取り組む場合に使われる。また、持続的に取り組むことにより確実に成果が現れる行動を表す。例えば、オリンピック選手がメダルを目指して練習に励む場合には、練習意欲が高いものほどその成果は大きい。

意欲は様々な動機が集合して、ひとつのエネルルギー体を成している。動機には外部より誘引される外部的動機と、内部より沸き起こる内部的動機に大別される。外部的動機の対象には、報酬、賞賛、権力、権威、などの獲得欲求が

★★あ行★★

あげられ、それらは、会社の経営陣の労働意欲向上のための研究対象となる。内的動機とは、好奇心、興味、自己実現欲、などで芸術活動や文化活動などの創造的意欲の源となる。だが、一般的には外部的動機と内部的動機は複雑に絡み合い様々な対象に向けての合体的意欲を形成している。意欲における対象、あるいは目標は現状からかけ離れて高い場合には意欲は空想に終わり、また逆にあまりにも目標設定が低い場合には、意欲は高まらない。

道端に転がる石ころですら、森羅万象の物理法則の中に存在している。ましてや、人間におけるその心の動きである意欲に至っては、物理法則の影響はもちろんのこと、社会生活における利得関係や霊的依存関係等が複雑に絡み、その動機の動きを全面的には認識することはできない。現実的意欲の解明は、多面的な意欲の断面を意欲の目的や対象に添って機能的な解釈を行っているに過ぎない。よって、実用に即した学習意欲や、労働意欲等が審議考察されることが多いのである。その際、それらがあくまでも、実用面において解釈された一面的なものであり、全人格的人間性を表していると誤解しないことが必要である。つまり、それらは人生における処世術、あるいは生きるための手段のひとつであり、合格祈願に燃えた受験生の学習意欲は、志望校へ合格した途端に急速に衰えることが多く、また会社の組織で仕事に燃えた社会人は、退職後は旺盛だった労働意欲は、その目標を見失って彷徨、人生における生きる意欲そのものさえ見失うものが多い。つまり現実的な目標に対する意欲は、一過性のものであり、けっして人生における生きる意欲そのものを提供するものではないのである。だが、現実的目標の途上にある者は、その意欲が生涯続くものだと信じ、決して疑わない。しかし、生きる意欲は、馬の前にぶら下げた人参に向かって走る馬ではない。現実的な目標に向かう一過性の意欲は、人生を生涯、旺盛に有意義に生きられる意欲そのものに昇華されなければならないのである。

では人生において生涯継続することのできる生きる意欲とは、いったい如何なるものであるのだろうか。それは、人生の一時期において設定した目的に向かう一過性の意欲や、刹那的な享楽へ向かう欲望でもなく、神の主宰もとに流れる命の無時間性の永遠の時間と、神の摂理の無限の空間における存在の同時性や共存性の中に見出されるものである。つまり、人生における生きる意欲とは、人間が自ら目標を定めてエネルギーを発動するものではなく、逆に神の呼びかけに応じ霊的に感応し、エネルギーを注がれるものであるとゆう一般常識に反する逆説的アンチテーゼに至るのである。

◆占いとは何か◆

＊信頼と共感と人間臭さ …………… 鈴木 康央

「占い」を、未来を予測することとするならば、気象衛星によって高確率の天気予報が可能となり、何年も先の日食・月食の時刻を言い当て、彗星の軌道を計算して次に地球に接近する日時を正確に公表できるようになった現代科学は、昔の人々からすれば驚嘆すべき「占い師」であろう。いずれ占星術や風水占いなども科学的に実証される（あるいは完全否定される）日が来るかもしれない。

そういうこととは別に、私はいわゆる「占い師」なる人間に興味がある。面白い人種だと思うのである。そこでここではそういう「占い師」に焦点を絞って考察してみようと思う。

繁華街の裏通りなどに、よく手相見や人相見を見かける。皆同じようにじっと座っている。二時間くらいして再び通りかかっても、まるで絵のモデルかのように姿勢を崩さずにいる。それはつまりずっと客が寄って来ていないということを示している。ならば、と思ってしまう。どうして自分の手相を見て、もっと客の寄り付く場所を予見しないのか。あるいは、もっと自分に適した職業を占わないのか、と。少なくともその何時間でもじっと座っていられるという特殊能力は、どこかで活かせると思うのだが。

一方、マスコミなどで取り上げられて話題になってる占い師の前には行列ができるそうな。一度有名になると、少々何を言ってもお客さんの方でいいように解釈してくれて、「確かにそうだ、本当によく当たる」と、噂が噂を高めていくものと思われる。こういう所は心理のカウンセリングと似た所があり、要は占い師と占ってもらう側の信頼関係、共感があるかどうかがその成功を左右するものなのだろう。

また逆に、結構名の知れた占い師が急激にその評判を失墜させることもある。占い師の下へ、マスコミがどこかの学者を連れてきて検証させ、その疑義を指摘させたりする。そういう疑雲の中で占っても当たるわけがない。先にも書いたが、占う側と占ってもらう側の共感があって初めて成功するものなのだから。そうして悪評がたってその占い師は凋落していく。

私は占いを科学的にどうのこうの考える気は毛頭無い。占いは正しいかまちがいかではなく、信じるか信じないかの世界のことなのだから。

しかしながら、古今東西の占い師たちの中には実際正しく予見できた人間も存在したと信じる。ただしそれはある一時期（おそらく無垢な幼少期）に限られたことだと考える。元来人間は深遠な潜在能力を持って生まれてくるのだが、知恵（大脳新皮質）に頼りすぎるためにその能力が成長とともに低下していくのではなかろうか。もっともそれによって科学という武器を手に入れたのだろうけれども。ともかくそういうわけで特にその才能に長けた人間が幼少期に本当に正確に予見できたとしても不思議ではない。ただ年齢とともにその効力を失っていき、そのことに本人自らも気づいても評判が立って祭り上げられ、客が毎日押しかけてきては今更「もう先が見えません」なんて言えなくなって、適当にお茶を濁すようになる。そしていつかボロが出て、「結局あいつもペテン師だった」の烙印を押される・・・という道を辿るのも少なくないのではなかろうか。全盛期に自分の末路は占えなかったのであろうか。しかしまたこの人間臭さがたまらない。

占い師とは、とても興味深い人種なのである。

……………　前川　幸士

＊　占いとは直感的な判断であり予測であるが哲学である

占いとは、運勢、真実の探求、選定・選択、未来予測など、直接観察することのできないものごとについて、情報を得て判断するために行なう行為や方法である。直接観察することのできない人知を超えたものを理解し把握したい、

★★あ行★★

物事の真実を知りたい、選択の判断を的確にしたい、未来を正確に知ることでリスクを避けたいというような欲求は人間にとって基本的なものであり、科学が不完全であった古代において、これらの欲求を少しでも合理的に見せかけて満たすものが占いであったと考えられる。

しかし、その合理性は見せかけのものであり、科学的な根拠は何もない場合がほとんどである。占いの根拠を統計に求めて合理性を主張する説もあるが、占いは基本的に独自の理論と個人の経験で構成されており、科学的な統計とはまったく関係がない。占星術が占いから独立することによって、自然科学である天文学として発展したように、また、風水が占いから乖離することによって、社会科学である地理学として発展したように、占いの非科学側面を棄てることによって、科学は発達した。

今日では、占いは趣味・遊戯としての文化的側面が注目され、これを無理に実用化しようとすれば霊感や霊能を主張することになり、非科学的であることがより強調される。科学は、理論的に実証的に未来を予測し、必要な情報や判断を得る技術といえるが、占いはこれを直観的にとらえて処理しているに過ぎない。判断に迷って、誰かに背中を押してもらわないと一歩踏み出せないようなとき、自己の判断に何か理由をつけて納得したいとき、占いは効力を発揮する。

人間の認識には極めて主観的な部分がある。占いという科学的な根拠のない判断や予測であっても、合理的なものと思い込んでしまえば、意外と有効な基準となり得る。言い換えれば、自分で暗示にかかってしまうと、占いも有効な方法となる。当たるも八卦当たらぬも八卦ではないが、要するに「気」の持ちようである。外れたときには、何らかの説明を付会すればよい。「気」あるいは「気功」というのは、中国式の保健養生法であり、気を養い体内にめぐらせることにより心身の健康を得るための鍛練の方法である。気には、まったく科学的な根拠はないが、うまくイメージが掴めると意外と効果はある。自己暗示のようなものかも知れない。これを他人にまで強制しようとすると霊感などという非科学的で妖しげなものを持ち出さなければならなくなるだけである。合理的な説明ができない部分は、神だの宗教だのによって権威づけしなければならなくなるのである。

ところで、「易」というのは古代中国におこった占いの方法である。国家の大事を決するとき、亀甲や獣骨を焼いてできたひび割れの形によって、その吉凶を決したのがその始まりとされている。周代になると甲骨卜占より占筮が多く行われるようになり、これが『易経』による占いである。今日、易と称しているものは『周易』といわれているものである。『易経』は、もともと卜占の書であるが、そこに記されている内容には生活の知恵が集約されているとともに、処世の哲学がある。後世、朱子学はこのなかに形而上学を形成した。『詩経』『書経』『易経』『春秋』『礼記』で五経とされ、儒教の経典の中心的な位置にある。現在の『易経』は、「経」の部分と、その解釈学である「十翼」の部分とからなるが、多くの人々がこの書物を哲学の書として読んでいる。占いの手段として利用することもできるが、そうなると非科学的な要素が出てしまう。鬼神を語らない儒教の世界において、「易」の占いとしての非科学的な要素は排除され、世の中を統べる縦糸としての「経」を付されて『易経』となっている。占いとは、直感的な判断であり予測である。しかし、活用の方法次第では、有効な哲学となり得る。『易経』の存在がそれを示している。

◆運命とは何か◆

＊偶然にしか思えない、必然…………鈴木　康央

子供が家の門から飛び出したとたん、丁度走ってきたトラックにはねられてしまった。これは偶然か？「運命のいたずら」と叫びたくなるだろうか。しかしこの状況をもし上空から眺めていた者があるとすれば、出てくる子供と走ってくるトラックは当然衝突することが予測されたであろう。つまりその者には必然の出来事としてとらえられる。

「お前のような出来損ないがどうして産まれてきたんだ、情けない」と親が子供を叱ると、「俺だってこんな家に産まれたくて産まれてきたわけじゃない」と子供も親に責問する。お互いその偶然を非難の道具にしているわけである。しかしわざわざ血液検査するまでもなくその親子、顔体つきばかりか性格までそっくりということはよくあることだ。

さらに「前世」だとか「輪廻転生」といった立場で考えるならば、子供（の霊魂）が必然的にその両親を選んで産まれてきたということになる。ここで霊魂なんて持ち出すのは非科学的だ、などと咎めないで頂きたい。そもそも「運命とは何か」というテーマを語るのに、どうして実証を礎とする科学的方法で対処できようか。「運命」など切り捨てた所から科学が始まったのではないのか。科学では証明できないから存在しない、とするのは傲慢不遜というものだ。霊魂も仮説として考えるに何の問題もない筈である。

しかし科学者の中にも、イギリスの動物行動学者リチャード・ドーキンスのような説を唱える者もいる。彼の「利己的な遺伝子」説によると、人間の行動の一見利他的な振る舞いも、結局は遺伝子の利己性から発するものであるらしい。即ち個人の行動もその人の意志によるものではなく、先祖からの遺伝子がさせるものだということであり、これは端的に言ってしまえば「運命論」ということだと思う。さらに言うなら、その遺伝子を霊魂に置き換えたら「輪廻転生」ということになる。遺伝子も霊魂もどちらも目には見えないのだから、私には同じことに思えるんだが。きっとドーキンス博士自身その過程で「こういうことを考える私も、実は私が考えているのではなく私の遺伝子が私に考えさせているのだ」と思い至ったに違いなく、その時自己を超えた力、それを「運命」と感じたか「神」と意識したかはわからないが、そこに科学では説明不可能な何かを実感したことだろうと想像するに難くない。

知識、経験、技術、洞察力等々、面倒くさいから一言に能力と言ってしまうけれども、我々が「偶然」と呼ぶものはすべて「必然」への能力不足がためである。

科学は必然を探求しているように思われがちだが、実は科学ほど偶然に縛られているものはないのである。科学は必然に対して永久に仮説を立て続けることしかできないであろう。

しかし人間は直感的に知っている。偶然は必然の操り人形であることを。それを「共時性」と名付けようとも「縁」と呼ぼうとも、つまるところ「運命」として感得しているもののことに他ならない。

また仏教の説く「色即是空・空即是色」というのも、畢竟苦悩する人間に「運命」を甘受させるためのひとつの教えであろうと、今の私は自分なりにそう考えている。

＊「運命」とは哲学発祥の要因のひとつである……………前川　幸士

「天」は中国思想を貫く重要な概念であるが、中国における「天」は人格神ではなく、「自然の摂理」あるいは「物理法則」であり宇宙の理法に近いものと解釈され、道徳の根源をそこに求める思想へとつながる。司馬遷は『史記』の著者として知られる歴史家であるが、思想的には儒家の系譜繋がる。彼に『史記』という膨大な著述をさせた、そのエネルギーの根源には天とは如何なるものであるかを解明しようとする、そして解明せずにはおられなかったという事情がある。司馬遷は、匈奴討伐に奮戦しながら捕虜になった名将、李陵を弁護して武帝の怒りに触れ宮刑に処されたという。この経緯は『史記』末尾の「太史公自序」の記述にみえる。

また、『史記列伝』巻頭の「伯夷列伝」は、単に伯夷と叔斉の伝記だけでなく、『史記』全体の総序としての性格を持ち、『史記』を記す理由が述べられている。人物の伝記を記述した『史記列伝』では、当該人物の事跡を述べたあとに、「太史公曰」として司馬遷自身の論述が附いているのが普通の体裁である。ところが「伯夷列伝」の場合、最初から司馬遷の論述で始められ、途中に伯夷や叔斉の事跡が述べられているものの八百字に近い文中で伝記部分は約四分の一であり、比較的簡略なものである。全体として司馬遷の論述が主である。ここで、作者司馬遷は「義」を行って報いられることなく餓死した伯夷や叔斉の境遇に、李陵の件による自分自身の屈辱的な体験を重ね合わせ、「天道是邪非邪」と絶対的裁断者としての「天」への不信を表明している。しかし、司馬遷は優れた人物の行為を後世に書き残し、その名を正しく伝えるのが歴史家であり、そこに歴史を記録することの意義があると考える。古代中国では、後世に汚名が残ること、令名が記されないことを恥とする。従って「天」によって報われることのなかった人物も後世に令名が伝わるのなら、それは救われたことになるのである。天道の矛盾した部分は、歴史家によって補填されると、司馬遷は考えたのである。そのことによって、「天」に対する不信を乗り越え、天道を補正することに歴史家の意義を見出す。つまり、司馬遷は「天」を「運命」と考え、歴史家という自らの仕事を以って、それを乗り越えようとしたのである。

「運命」とは、人間の意志にかかわりなく、身の上にめぐって来る吉凶禍福であり、それをもたらす人間の力を超えた作用であるが、儒教では、この根底に人生は天の明命によって支配されているという思想がある。歴史家司馬遷は膨大な『史記』の著述によって、これを乗り越えようとしたのである。

これに対して、「運命の愛」(amor fati)という言葉がある。必然的な「運命」を肯定し、単にこれを耐え忍ぶのみでなく、むしろ「運命」を愛することが人間の偉大さを示すというニーチェの運命論である。ニーチェは、この思想が創造的なものと合致するとしている。「運命」を受け入れることによって、「運命」を乗り越えようというのである。

「運命」という言葉には宗教的色彩が強い。そのため、宗教的救済及び信仰の要因となることも多い。しかし、逆にいうと、それに合理的な説明を与えることが古代哲学の芽生えであり、自由意志を否定するような宗教的決定論としての「運命論」に挑戦する試みは現代の合理主義への過程である。また、物理法則を解明しようとする動機に繋がり、ニュートン等の初期近代科学の推進に果たした役割は大きい。司馬遷も、ニーチェも、「運命」を乗り越え、その呪縛を断ち切るために、自らの思想を深化させ、独自の哲学を創造した。

自然科学の実験などでは、同じ方法をとれば必ず同じ結果が出る。ここから社会科学においても、原因が同じであれば必ず同じ結果が出るとすることには無理がある。この限界と境界を突き詰めるのが哲学であり科学であった。その意味では「運命」とは哲学発祥の要因のひとつである。

＊運命の意図は必然と偶然の彼方に在る……………山下　公生

時間の流れ、あるいは歴史の経過は、人間を超越して存在する普遍法則に則って進行しており、人生の行方や人類の未来は必然的に定まっていると考える者は、運命の存在を信じる運命論者である。その思想は、宗教的な考えと深く関わり人間に影響を及ぼす超越的存在を信じている。その存在形態は、宗教的祭事、八卦、占術、魔術など、多種に渡る。

逆に未来は未定で、社会エネルギーの集合体の場で決定され、その結末は、不確定な偶然の要素による結果であると考える者は、運命なる存在を信じない運命否定論者である。その思想は、超越的存在の主導力など認めず実証主義

★★あ行★★

的であり、ヒューマニズム的結束力がエネルギーを生じそのエネルギー集合体の力学こそ人間に影響を及ぼす存在の正体であると考え、時間認識は極めて即時的である。

まずここで、運命論者の考えで検証対象となるのが運命の主体とされる超越的存在の信憑性である。それはこの超越的存在へ人間が如何なる方法で発信し、如何なる応答を得たかの検証である。ここで信憑性の要となるものは、超越的存在からとされる応答が、人間に大きく関与し影響を及ぼし、その結果、幸せな人生に在る者もいれば、精神に支障をきたした破滅者もいるとゆう事実が存在することである。要するに、不可視なる運命の応答の実を食べた人間の可視的な変化を観察して運命の存否に関わる超越的存在を検証する方法である。そこで、それが為された儀式形態を概観してみると、歴史的に淘汰された伝統的宗教祭事から、オカルティクな神秘儀式、占術、霊媒儀式にまで及び、様々な形態は、不可知の壁を往来し、運命論者全体の主張と存在形態は一枚岩とはいかず、絵柄不明のジグソー・パズルのような在りようである。

さて、運命否定論者は、理知的なルネッサンスの申し子らしく、運命論者たちの論旨不整合を検証することなく、十把一絡に運命論者は、きわめていかがわしく、考察に値しないと一括する。特に人間の尊厳と自由を損なう超越的存在が我慢ならないらしい。確かに一部の運命論者においては、妄想、迷信、意味不明な儀式行為など、不可解な面も多々ある。運命否定論者は、未来は人間が自由に主導権を行使することが前提なのである。言い方を変えれば、出来事は必然ではなく、情報や社会エネルギー集積場で即時的に偶然に決定されると主張する。そして、五感で捉えることの出来ない事柄は一切思考の範疇から締め出され、当然運命の必然の法則の力など、真っ先に除外の対象となる。確かに理路整然としており、何の反論も寄せ付けない勢いではあるが、はたして自分が存在することも、人間が地上に立っていることも、空気を吸って生きていることも、また地球が存在することすら偶然なのだろうか。地球誕生の過程や生物の進化は誰でも概知のことだが、広大無辺の宇宙の中にポツンと存在する地球は、偶然の結果か、それとも必然の意図が在るのかとゆう結論はまだついていない。さらには、この全宇宙の究極の法則の根底動因が、必然か、それともただの確立論的な偶然の結果かとゆう決着も、未だついていないのである。

結局のところ、「運命は存在するか否か」の命題は、「森羅万象は必然かそれとも偶然か」の結論のでない二律背反の命題へ行き着く。そして究極的には、運命の存在の主導を司るすべての動因の根源の主体である「神の存在を信じるか否か」の命題に帰結し、その二者択一の命題に行き着くのである。

全宇宙から個々の人間に至るまで関わり、必然的に主導する形而上の力を、キリスト教では運命とは言わず、神の主宰と表現している。それは一見、完全規制に思えるが、逆に運命否定論者が渇望したが、死の呪縛より得ることの出来なかった絶対自由の道が開けているとは何と神秘的な結末であろうか。

◆老いとは何か◆

＊美意識のよろめき

…………… 鈴木　康央

私の親しくしている音楽好きで夭折に憧れている男が、「自分は若い頃シューベルトのように31歳で死にたいと思ってたけれど、過ぎてしまった。次にはモーツァルトのように35歳でと思ったけれど、これも過ぎてしまった。そして今やベートーヴェンの57歳も、もうすぐという歳になってしまった。何だか怖いんだ」ともらした。

文学者や宗教家、心理学者、精神科医など多くの識者たちが「老い」について語っている。「人は老いて神に近づく」とか「盛大に生きてきた人が意志の力で徐々に収束を成し遂げるというのは一種の芸術である」とか「老人性痴呆というのは死の準備として有難いことである。冴えたまま死ぬことこそ苦痛である」とか「老後の初心というのがあり、体力がなくなっても年代に応じた新しい工夫をすることで常に創造的であり続けられる」とか「生物学的に見て、老いというのは単一な現象ではなく多様性があって、その人のそれまでの生き方が強く影響する」等々。

しかしながら誰が何と言おうと、生きながらえる限り、いかなる人も「老い」から免れることはできない。真・善・美のうち「美」は老いとともに確実に失われていく。これは生あるものの宿命である。そこでその喪失感を補うために、残りの「真」と「善」なる生き方に目を向けようとするのである。上述の識者たちの言葉など忌憚無く言ってしまえば、いずれもそういう意味での慰めごとでしかない。

要するに「老い」とは、三島由紀夫流に言うと「美意識のよろめき」と、それに対する抵抗、さらにはそういう抵抗すら薄れてくる自己への嫌悪と恐怖ということになろうか。恐ろしいのは老いの終着点「死」なのであろうか、それともその途上で崩れゆく自己の心身に対する美意識なのか。

スポーツ選手の場合、その世界の「老い」が一般的「老い」よりもずっと早いので、その手の恐怖を一層早く、また一段と強烈に感じることであろう。最盛期を過ぎた選手は、その時の自分と現在の自分との径庭にとまどい、苦しむ。

また老人性痴呆症の人を看護する家族も、身障者の子育てとは違って、その人の若かりし頃の姿の記憶とのギャップに苛立ちと絶望を感じることが何より辛いのではないだろうか。

不老不死が人類の永遠の夢であるというのは、美意識の主張である。なぜなら「美」は「真」や「善」よりもずっと実体を要求するものであるからだ。そして実体あるものは必然的に老朽化する。美意識は、沖へ向かって次第に小さくなってゆく船を追うような目でそれを見つめるしかない。

老後の人生とは、美意識をどれだけ維持できるか、鏡の向こうの自分と対峙して戦い続けねばならぬ日々の連続のことを言うのである。従って冒頭に挙げたような夭折志向の人間は、それができる自信のない人間であり、つまりは美意識過敏な人間の証とみていいだろう。

けれども私はそういう人間にこそ「華」を感じることがよくある。

＊ 老いとは、退行を伴うとされる現象である　…………　前川　幸士

老いることは、年をとることであり、退行を伴うとされる現象である。近年、老いは社会問題となっている。福祉問題、痴呆性老人に代表されるような老人医療問題、と高齢者の人口増加による老人医療費の増大、独居老人を狙った詐欺まがいの犯罪と老いが深刻な社会問題となっている。老いは今や避けて通ることのできない問題である。

★★あ行★★

本来、封建時代において高齢者は決して軽視される存在ではなかったはずである。家あるいは一族の中心的人物として位置付けられ尊敬されるべき存在であった。封建社会は儒教道徳に基底される社会であるが、高齢者は伝統的知識の伝達者として社会の中で重要な役割を担っていた。また、長い人生における経験の積み重ねによって、多くの知恵と情報を蓄積した存在とされていた。

高齢者が余計者として扱われる社会は、経済の中心がモノの生産を中心とする農工業社会で、なおかつ経済的に余裕がない社会と考えることができる。このような農工業製品の生産を中心とした社会では、肉体的に非力な高齢者は、労働力としては弱小であり、その価値は低く考えられがちである。姨捨山の事例は、農村の経済原理が儒教的価値観を上回った時にみられるようになったのではないだろうか。伝統的なしきたりに詳しい高齢者が重宝がられずに鬱陶しく思われるのは、経済効率が儒教道徳を越えた証拠に他ならない。現代の日本社会においても、定年退職後の再就職となれば悲壮なイメージがつきまとう。生産のための労働力を多く持つ人間が、肉体的に非力なため労働力をあまり持たない人間よりも優れているという考え方を払拭しきれない。今後の情報化社会といわれる時代において、高齢者の持つ長年の経験と知識つまり体系化された情報が高い価値を持つようになることが望まれる。情報化社会といえばコンピュータ等の電子機器のイメージが先行しているが、本来は情報がモノと同様に価値を持つ社会のはずである。

また、社会において高齢者が活躍できるためには、文化的な側面においても高齢者がイニシアティブをとれるようにならなくてはならないのではないだろうか。生産経済による消費文化を中心とした社会では、文化面においても高齢者は疎外される傾向にある。現代社会では若者文化が中心となっており、若者の消費を想定した商品開発が行われている。消費にもエネルギーが必要とされ、それがない高齢者は疎外されることになる。

「別れ来てはやも逢ひたくなりにけり東山より月出でしかば」

「板橋をあまた架けたる小川にて君が家へは五つ目の橋」

これらの歌は、川田順の歌集『裸心』にみえる。川田順は明治・大正・昭和にわたって活躍した歌人である。また、実業人として活躍した人物でもある。これらの恋心を歌った歌は晩年のものである。弟子である鈴鹿俊子との恋愛は

「老いらくの恋」としてジャーナリズムをにぎわした。その恋愛は、世間の倫理観やスキャンダラスな報道を越え、二人は結婚する。「老いらくの恋」が社会的に認知されたのは、川田順が社会的地位のある著名な文化人であったからではない。むしろ、それらは負荷となったはずである。「老いらくの恋」が成就したのはひた向きな恋愛のエネルギーによるものに他ならない。

「老いらくの恋」とは、老いての恋、老人の恋といった意味合いである。「おいらく」の語は、ク語法と呼ばれるもので活用語の連体形にアクを加えて名詞化する語法である。「言はく」「恐らく」「恋しけく」などがある。奈良時代に例が多いがのち減少し、「思わく」「曰いわく」など数例が残存しているに過ぎない。しかし、「おいらくのこい」という語が人口に膾炙し、その語感が美しく響くのも川田順「老いらくの恋」によるものである。「墓場に近き老いらくの恋は怖るる何もなし」老いが退行を伴う現象であり社会問題の根幹であると断定する前に、この一件を思い起こしたいものである。

＊　老いとは、人間の肉体的な衰弱に反比例して為される旺盛なる精神活動である……　山下　公生

老いとは、生命現象の終末の前兆期であるが、機械のそれに類似する概念として、耐用年数前の劣化、故障、等が該当するだろう。われわれが、電化製品を購入した場合、保障期間があるが、言いかえると、その期間は機械が正常に作動することである。だが保障期間が過ぎると、各部品の消耗による劣化により、故障が頻繁に起こり修理を繰り返し、やがて修理不能となり、ついには不動の物体へと戻る。

仮に、人間の老いを唯物的な一面で眺めると、老いとは、肉体の細胞や器官が生命エネルギーを得るために長期間働き、消耗衰弱して、本来の機能の一部損傷により、病気となり、医療による回復、そしてさらなる別の個所の病気の発症と治療回復とを繰り返し、やがては、全器官の機能停止である死へ至る最初の門の入り口のようなものである。

動物の老いの場合は、単に肉体的な衰えを意味する。よって野生の世界での老いとは、死と直結しており、自分が弱肉強食の弱者となり、食物連鎖の摂取される側となったことの前兆を警告する信号を意味する。つまり動物が老いる

とは、可視的な生命現象の衰退を意味するに過ぎないが、人間の老いの場合は、精神的な意味合いをかなり含蓄している。

生まれつき権力、財力に恵まれた環境に育ち、体力、知力、あるいは美貌に恵まれた者は、一般的に弱肉強食の唯物的思考の結果主義者となりがちで、社会の勝者、支配者として自信に満ち溢れ、若い時は形而上の世界など無関心で、形而下の刹那の世界を謳歌し、その華やかな若い時期が永遠に続き、老いがまるで来ない妄想に明け暮れる者が多い。つまり、人間を唯物的にしか認識できない者にとって老いとは、きわめて忌まわしい単なる生命の衰退を意味する無価値なものである。また当然、唯物主義的な人間にとって、霊魂の不死などナンセンスな絵空事であり、老いの先には、生命の最終的終焉である死とゆう恐ろしい事実が現実に迫りくるのである。そして、この老いを感じる年頃となると肉体の衰えに伴う気力の低下、さらには、知力の低下に伴う不安と恐怖と絶望から、いかにして刻々と迫りくる老いから逃れるかが、最大の関心事となり、不老長寿探しに没頭するが、老いは誰にも平等に確実に訪れ、それから逃れることはできない。よって、古今東西より権力、財力を手中に収め現実を謳歌し、形而下の世界にどっぷり浸かった多くの王侯貴族は、おのずと身に迫る老いを忌み嫌い、不老長寿を願い求めて右往左往したのである。

しかし、生まれつき何らかの劣勢を背負って生まれた者たち、あるいは自分の限界を受け入れる謙虚さを身につけた内省的な者は、生きる上で、内面的なケアや、精神的な生命力の大切さを頻繁に意識するがゆえに、日常の中でたえず、形而上的世界の存在に深い共感を寄せることが多い。そして人間の老いを肉体と霊魂との両面より洞察するに至るのである。すなわち、この者たちにとっての老いとは、肉体的な衰弱を真正面から受け入れる姿勢と同時に、その老いの価値を発見していく人々の精神エネルギーと共鳴してゆくことなのである。つまり老いとは、人間の肉体的な衰弱に反比例して為される旺盛なる精神活動といえる。そして無形のそれは、社会の中で壮年世代により、生み出される有形の生産物と有効に連鎖循環しているのである。

天地創造の神はけっして無駄なものはお造りにはならない。まぶしい光の如き若き可視的強壮さが意味のあるものであると同時に、衰退へ向かう肉体を通じ、精神の深遠な明かりを放つ老いもまた、きっと神の啓示を秘めているに違いない。よって、老いとは、ありのまま受け入れるべき意味のある大切な生命現象のひとつなのである。

◆お金とは何か◆

……………鈴木　康央

＊ひとつの公的価値基準である

価値観というものは本来個人的なもので、また抽象的な概念でしかない。従って個人が事物に対し、いくら好き勝手に評価しようが全くかまわない。困るのは、他者との間でその評価に隔たりがありながら、その事物を通して互いに関係をもたねばならない時である。

太古、まだ人々が物々交換をしていた時代、おそらくその交渉において衝突、トラブルがあったであろうと思われる。魚三尾に対し、どうして木の実一盛提供せねばならないのか。薪二山集めてようやく毛皮一枚なのか、等々。

そこで価値基準を統一するために「お金」という媒体が考案された。それがたとえ石ころであれ、貝殻であれ、貨幣という形になっていようと、あくまで数値に置き換えられた概念の基準であることにはかわりない。このことは常時意識しておいた方がいいと思う。

数値であるから、当然大きい数のほうが価値が高いということになる。ひと粒のダイヤモンドが洗濯機よりもずっと高い。当たり前だと思い込んでいるけれども、よくよく考えてみると何故そうなのか、よくわからなくなる。思うに、お金による価値基準というのは、多分に学習による「すりこみ」的な要素が強いのではないだろうか。

十分程電車に乗る運賃とコーヒー一杯がなぜ同じ値段なのだろう。全然異質なものなのに。いや、異質であるがゆえに統一価値を必要としたのだろう。けれども、繰り返すが元来比べようがないものなのに、我々はもはや抵抗もなく当然のことのようにそれを受け入れてしまっている。そうでなくては日々の生活が困難になるのは確かだ。しかしそれによって何か大切なものを封印してしまったような気がする。

例えば絵画などについた値札はどうだろう。絵と同時にその画家の名と値札を見た後で、自分の感想を正直に「この絵が一番すばらしいと思います」と言える人がどれだけいるだろうか。

値段というものは、無理にこしらえた統一基準の中での高低でしかない。その数値に本来自分が持っている価値基準が支配されていないだろうか。自分の価値観というのは、決して数値化できない筈のものであろうに。

私事ながら中高生の頃、こづかいを貯めてよくＬＰレコードを買いに行ったものだ。フルトヴェングラーの指揮するベートーヴェンが手に入ったりすると、その夜はもう勉強なんか手につきやしなかった。それが昨今、ＣＤとなって百円ショップで売られている。フルトヴェングラーが使い捨てライターと同じ百円である。

お金が芸術に価値をつけるとこんなことになってしまうのだ。裏返して言うと、「お金」ほど純粋な数値はないのかもしれない。それ自体には真も善も美も一切含まれていないのである。つまりイデオロギーやテクノロジーや流行など、時代と地域に限定された関係のない諸要素が集まって「お金」に数値をつけているのである。消費者ひとりひとりがこのことを充分心得て、自分の感性を磨いておく必要があると思う。

しかしながら、やたらとブランド商品で身を包みたがる人々を見ていると、いささか心許ない気分になる。彼らはあたかも「お金」という公的基準の高さを誇示することによって、自己の存在を確認しているように見えるからだ。

現代人はあらゆること（自身を含めて）が数値で表示されないと安心できないようになってしまったのだろうか。

＊　人はお金を支配し、お金に支配されている

……………　浜田　節子

お金とは価値の尺度として国で決められた通貨である。

商品の売買など媒体として用いられ、わたし達は通常お金無しには生活は出来ない。お金はその人の人生を左右することも多々あり、人生とお金の関係は複合的に常に結びついている。お金は魔物と称されることがある、それほどにお金との付き合いは難しい。吝嗇と浪費家はある意味似ている。それは自分を守り自分を誇示するという点に於いてである。自分を客観視できないところに問題が生じ加速してしまう。お金を使わないという固い決心とお金を使わ

★★あ行★★

ずにはいられない強い依存はまったく異なる結果に至るかもしれないけれど、生活を崩していく点で似ている。

お金に関して一番重要なことはバランスである。収支を計るというに尽きる。それは家庭でも国家でも同じであって、長期の収支バランスの設計を立てるということが健全な日常を促して行く。どうしたら無駄を削減し、有効なお金の使い方が出来るかはその人の品格にもかかわる重要課題かもしれない。知らず知らずのうちに人は見ている、見られている。

お金で人心を買うことが横行すると、社会は疲弊して行く。金持ちが強者にのし上がり、貧乏人が敗者の憂き目に従うという構図によって、格差が拡がっていくからである。お金の流れが滞らない社会、利益還元を旨とした未来志向・弱者救済のシステムが理想であり、いかなる時もその使用は、真であり善であり美である基本を忘れたくない。

栄枯盛衰・・・つまりはお金が有るか無いかで露呈する景色がある。貧しいことは困難を伴うけれど卑しいこととは違う。学究の徒、病身・・・さまざまな事情がある中、貧しさに誇りを持って生き抜く覚悟を持ちたい。

お金を稼ぐこと＝労働は生活の基盤であり、生産・消費・流通の循環が社会を動かしている。スムーズに滞りなくお金がゆきわたることが理想であるけれど、お金の観念なしに生活している自給自足の少数民族が現代においてもあるかもしれない。しかし、物々交換では補いきれない雑多な事情がお金という媒体を考え出したのはどこの国も同じだと思う。インフレになればお金の価値は下がり、デフレになれば商品の価値は下がる。何時の世も、お金の元になった貴金属、金銀に換えておけば大暴落は避けられるかもしれないけれど、商品流通には不都合が生じてしまう。

何が最重要か・・・スパコンが世界で一位になるのと二位では企業の収益には大きな差が出る。世界基準によるシェアー獲得は大きな利潤を生む。しかし今すぐわたしたちの生活に影響はない。今日明日の支払いに追われる者には亀井大臣の意見はもっともに思える。しかし明日以降の・・・となれば事は深刻で答えは出ない。正しさは常に曖昧な領域に潜んでいる。日夜世界を動かすお金。お金を使うタイミングは至難の技。お金は人を助け活性化させるけれど、お金の有無は地球上の皆が日夜悩まされ続けている問題である。支配しているつもりでも支配される危機を孕んでいるのだから・・・。

＊お金とは実体のないシステムである

…………前川　幸士

「お金」とは、商品交換の媒介物、つまり貨幣のことである。原始社会においては、物々交換が行われていが、これをよりスムーズにできるように考案された約束事が「お金」というシステムであり、そのシステムが形象化したものが貨幣である。貨幣は、価値尺度・流通手段・価値貯蔵手段の三つの機能を持つという。本来は、それ自身が交換されるものと等価な商品で、太古においては貝殻・獣皮・宝石・布・農産物等が「お金」として機能していた。やがて、貨幣の機能に最適な要素を持つものとして金や銀のような貴金属が使われるようになる。このため、貨幣が「お金」と呼ばれるようになるのである。

本来、貨幣とは、本位貨幣つまり本位金、銀貨を指す言葉であり、政府紙幣や銀行券とは区別されていた。ところが、それが専ら補助貨幣の性格を持つ硬貨を指すようになり、現在の日本では法令用語としての貨幣も硬貨のみを指す。そのためか、慣習的には法令用語としての貨幣と紙幣や銀行券等の信用通貨をあわせて「お金」と呼ぶことが多い。さらに、経済学上は、銀行の当座預金や普通預金などの預金通貨や、定期預金などの準通貨を含めて、貨幣と称しており、これらも「お金」ということになる。

また、情報通信技術を活用した決済サービスに電子マネーがある。これは、本来、貨幣経済において、実質的に貨幣という物質によってやり取りされていたものを、電子データおよび通信によって決算する手法である。１９５０年代にアメリカでクレジットカードによる決済が始まり、日本では１９６０年代から同様のサービスが始まった。貨幣を介さず取引を行う時代が到来し、２００７年現在のアメリカでは紙幣の信用がクレジットカードに劣るまでになっている。ただし、クレジットカードはカード番号の不正利用など問題点がないわけではなく、このような欠点を克服するためのものとして電子マネーが出現したといえる。

電子マネーは、電子データで市場経済を動かすものであるが、その決済手段を末端の小売レベルにまで推し進めた状態を指す。電子マネーは、日本銀行券など中央銀行が発行し、その価値を保証する通貨ではなく、サービスを提供する会社による私製貨幣・代用通貨の一種である。日本では、金券やプリペイドカードのように、前払式証票の規制等に関する法律でカバーされている。電子マネーは、通貨のように機能するが、実質的には通貨によって先払いされた金銭価値をデータ化したものである。電子マネーの発達によって、「お金」の携帯性が向上し、決済の迅速化・確実性も期待できる。決済に際して釣り銭をやり取りする必要も無く、釣り銭にまつわる不便さや問題を回避できるのである。その利便性や使う側の価値観の喪失によって、いわゆる使い過ぎも懸念される。

しかし、現在では当然のように使用している紙幣や硬貨にしても、金属や印刷された紙でしかない。物々交換よりスムーズな約束事として、紙幣や硬貨が現れた時には、携帯性や決済の迅速化・確実性が期待され、その利便性から使い過ぎが懸念されたに違いない。「お金」というシステムに実体がないからである。「お金」そのものに価値はないが、その価値を保障するシステムがあるのである。

そして、そのシステムができたため、流通手段だけでなく価値貯蔵手段としても「お金」は活用される。この機能は、「お金」が紙幣や硬貨から、電子データに移行することによって激化したと考えられる。そして、価値貯蔵手段としての「お金」の電子データ化は、経済格差を助長したのではないだろうか。本来、地球上にはすべての人々が、充分に飢えから救われるだけの富があるはずだとされている。世界の半分が飢えているにも関わらず、それに無関心で平気な人間が多いのは、「お金」のシステムが人間の感覚を超えて機能しているからではないだろうか。

か行

◆懐疑主義とは何か◆

…………鈴木　康央

＊　再吟味の原動力

私が学生の頃、運動している最中に水は飲んではいけない、というのが定説だった。が、今では当然のように水分補給する、でないと脱水症状を起こすから。

もっと昔小学生の時、各自歯ブラシを持って校庭に集合させられて、台に立つ白衣の女史の指導に合わせて、歯ブラシを縦にクルックルッと回すようにして磨くのが正しい磨き方と、みんな一緒にクルックルッやったものだ。しかし今やそれは効果がない事がわかって、ゴシゴシ縦横にすることになっている、というより磨き方なんてあまり関係ないというのが本当のところのようだ。あれは何だったのだ。

さて、人はかくも何でも簡単に信じてしまう、ということは即ち騙されやすいものだということだ。特に学者や権威者の言葉に多数の人間が乗ずると、少数派も自ずとそちらへ流れていきやすい。

科学の進歩という展望を大きくした立場で見ても、同様のことが起こっている。天動説から地動説へ、ニュートン力学から相対性理論へなどなど。いずれもそれまでは絶対的真理と見られていたものが、大転回して新しい真理へと移行してきた。そもそも「新しい真理」などという表現自体がおかしいのであって、真理は唯一だからこそ真理なのである。つまり現代人が信仰（敢えてそう呼ばせてもらう）している科学なるものも、いつまた大きく覆されるかわかったものじゃないということ。人類が真理に辿りつくことなど永遠に無理なのかもしれない。しかしそれが人類なのであり、そう生きるのが良くも悪しくも人間の味なのだろう、とも思う。

要は、その時その場で「絶対正しい」と一般定説になっていることに盲従しないこと。「ほんまかいな」と少し斜めから見る目が必要であろうということで、そういう姿勢を「懐疑主義」（「主義」は大げさに思うけれども）と言うのであろう。

我々は知らぬ間に固定観念、平たく言えば思い込み、色眼鏡でものを見てしまっていて、そのことに気づかないでいる。それはなぜかと言うと、その方が楽だからである。特に命名されたもの（レッテルを貼られたもの）は、その名の通りに眺めていることが楽で無難であるからだ。けれども先述した例に限らず、実はそれはデタラメ、一時代一地域での定説にすぎないということがすでに度々明かされてきた。

懐疑主義はそういう既存の認識を一度俎板に載せて、再吟味する役割をする。そういう機会を生み出す原動力となるものである。

話がとぶが、ふと連想したのが禅の「不立文字」である。彼ら禅僧たちは、言葉にすると固定化するということを感得しているのであろう。だから言語化しない、即ち「不立文字」。さてこれは既存の認識を疑い、再吟味してみようという懐疑主義を直截に日常生活に実践したものに他ならないのでは？　その意味で、禅宗は非常に科学的な態度を具していると言えなくもない。

私は科学なるものも、人間が創造した一つの手段であって、その意味ではある宗教を信仰するのと大して違いは無いように思う。従って「科学的態度」で臨むということ自体が信頼できる盤石なものとも思っていない。ただできる限り、下着を替えるように対象への思い込みは除去したいものだと思っている。

最後に、霊魂、ＵＦＯ，超能力といった、いわゆるオカルトに関する存在を認めるかどうかについては、いくら議論しても甲論乙駁。それは全く個人の価値観の問題であり、信じることにより、あるいは信じないことにより各人が喜びと心の安定を得られればそれでよいのであって、一般論として「懐疑」しても仕方のないことだと思う。

＊懐疑主義とはかつて思考暴走の制御装置であった廃品遺産である　…………　山下　公生

鰯の頭も信心からという諺がある。信仰すれば腐った鰯の頭でも神になり得ると言う意味で、偽物の宗教を皮肉った言葉である。日常は、巧妙な嘘の罠に溢れている。まがい物を高額な価格で売る詐欺商法があると思いきや、超能力、超常現象、霊媒、などの疑似科学で洗脳し寄付金を巻き上げるカルト宗教がある。さらに何の根拠もない予言、予知、

★★か行★★

占い、生まれ変わりなどを吹聴し、悪運や悪霊に憑かれているなどと脅して、開運や除霊と称した偶像物を高額で売りつける霊感商法など、数え上げたらきりが無い。このような日常に疑いをかけ、詐欺の根本的な手口を認識し、普通に暮らすことは、日常生活における懐疑主義である。

哲学の世界では、自明の原理や常識となっている思想に、日常生活における懐疑主義の如く徹底的な疑いをかけ、究極的に不動の真実といえる実存まで突き詰めていく態度が哲学的懐疑主義である。哲学史では、紀元前のギリシャの哲学者ピュロンにその思想発芽を確認することができる。彼は究極の判定判決官である「自己判断」を発見し、それが如何に曖昧で不確かであるかを認識し、いかなる自己判断も控えるという「判断停止」という結論に行き着いた。それは、ある意味において、仏教の止観と近似的な重なりが見い出される。

懐疑主義が一世を風靡したのは、近世の哲学においてデカルトが、学問の基盤である絶対確実で真実な命題へ辿り着くまで疑い尽くす、「方法的懐疑」により、「われ思う、ゆえにわれ在り」という究極の命題に辿りつき、思考する主観の起点を見い出したからである。しかし、この命題が確実だとしても、ここから先は前へ一歩も進めない思考停止の状態となり、パスカルが思考は、宇宙を包むと提示した、莫大な思考エネルギーは喪失し、広大な思考空間は点に縮小してしまった。この思考の瀕死状態で無神論が誕生し、その派生思想として、相対主義、アナーキニズム、ペシズム、ニヒリニズム、実存主義、唯物史観、優勢思想などが誕生した。

デカルトの硬直した懐疑主義の突破口として、道元禅師の公案「仏道とは、自己を究明することなり。自己を究明するとは、自己を忘れることなり。自己を忘れるとは、万法に証せられることなり。」がある。この公案をカントは純粋理性批判で、次のように表現した。「思考によって得られた命題の真偽は、それが現実に適合するか否かにより、その真偽が決定される。思考とは演繹であり、アプリオリであり経験的認識に先立つ先天的、自明的な認識や概念の総称である。現実の経験は、アポステリオリであり、いわゆる「経験則」の事であり、経験を介して得る認識である。アプリオリに偏れば、思考演繹は暴走し独断論に至る。これにブレーキをかけるのがアポステリオリであり、具体的には、演繹命題と経験の帰納法で得られた法則性との整合性検証であり、アプリオリの演繹命題を検証しその真偽を判断する役割をもつ。」カントは合理論と経験論を合流させることにより、認識論の基礎を築いた。この認識論は、科学として完成し現代に至っている。つまり、アプリオリの数式演繹の仮説命題のアポステリオリの実験や観測による帰納法で得られた結果検証による実証という方法論である。カントは、この認識論により、デカルトの思考の古い制御装置で不具合を生じた懐疑主義に変わり、二律背反という新しい制御装置を設けて思考の限界を定めた。

現代哲学においてウィトゲンシュタインは、論理哲学論考で、この二律背反に類似する見解で、「語りうるものは明確に語り、語り得ないものは沈黙しなければならない。」と思考の限界を提示した。つまり、現代においては、デカルトの懐疑主義とは、思考暴走に対する制御効果を無くした無用の制御装置であり、無神論とゆう有害廃棄物を生み出すだけの廃品遺産である。

◆価値とは何か◆

＊価値は自分自身の中に在る　…………浜田　節子

価値とは、対象物にまつわる物語である。人は世界を見ている、そして見られている。その関係性の中で大切なものを認識していく。

見出されたものに、人は価値と名づく観念を認識する。見出され、確信を得たものに対する評価。

価値は相対的なものだから必ずしも不動のものではない。価値のあるものは一般に高価であるが、高価なものに価値があるとは限らない。安価なものや処分品の中から価値あるものが発見されたり生まれたりする可能性は否定できない。

価値はある意味、見出すものだから、審美眼が確かなものでなくてはならない。しかしゴミ屋敷の住人に、ゴミと思われる汚物や廃品に価値を主張されれば、それを打ち消す事は難しい。個人の価値観は自由であれば、規制の法的

★★か行★★

手段は通用しないからである。

曖昧な線引きは個性という領域にも抵触し、個性はやがて光り輝く未来を有している。

価値という判定は、個人的な見解と客観的な世界観から推して考えられる領域があり、重複もあるが、見解を異にすることも多く、決定的判断は難しい。

世界遺産や国宝など、大きな機関が指定する価値もある。それらは、価値の損傷を防ぐための秘策、つまり保護保存、鑑賞を促す価値判断の基準になり、経済効果を生む機動力にも成りうる。

存在における価値には、自然と人工物（芸術）がある。また物理的現象、たとえば滝やオーロラなど、常に変化しつつ、その変化自体に美や荘厳さの価値を認められることもある。物理的にも多義にわたる価値があるけれど、精神的にも真・善・美の無形の大いなる価値がある。その恩恵の大きさは有限ではない。

けれど、価値は移ろいやすい。昨日もてはやされたものも今日は廃品同様見向きもされないということがある。わたし達が日常なくてはならない「お金」でさえ、変動を余儀なくされている。景気の波は容赦がない。その中でどう生き抜くかは個人の考えにもよるけれど、国や企業の誠意ある示唆が方向性を決定付けて行く。

わたし達は何に価値という基準を当てて生きているのだろう。経済、人の優しさ、未来への投資（子育て）、繰り返される日常の細やかな気遣い・・・。ミクロにもマクロにも価値はありとあらゆる領域に潜んでいる。それを見出すこと。一輪の花にも、一陣の風にも価値という魔力は隠れている。そのことに感動する自分自身の心の持ち方にこそ、価値以前の源を感じる。

わたし達は見過ごしてはならないのかもしれない、価値という夢を。価値ある人生でなくとも、価値を見出せる豊かな人生でありたいと思う。人の生活は労働による報酬に支えられている、つまりは、金銭に還元する価値である。労働、休息・・・人の生活には常に価値という裏づけがある。わたし達はそのすべてに感謝しつつ生命を燃焼している。

価値とは自分自身の中の認識にあり、世界の価値は世界を開く魅力に満ちていることの発見につながっている。

★★か行★★

＊ 価値とは、拡散する精神エネルギーの焦点を定めるレンズである………… 山下 公生

価値は、比較的単純な物の価値を示す高価値、低価値、無価値などのランク値から、精神世界の価値を表す、「聖・俗」或いは、「善・悪」「美・醜」などの精神的評価をも表し、かなり包括範囲の広い概念である。

まず、物の価値について考えてみると、物の価値のバロメーターとなるのは、物々交換の比率の代価である貨幣である。貨幣により値段がついた物の価値は、一目了然となる。一般的には、高値のものほど物の価値は高くなり、物はより上質であることを示すが、物そのものの絶対価値を示すとは言い切れず、希少性や、需要と供給のバランスなどの外的要因に大きく左右される相対価値といえる。

今では高値のカズノコだが、一昔前にはニシンは大量に捕れ、その卵のカズノコは、安値で、貧乏な人々の常用食であったらしい。あるいは、無価値で拾う者さえいない海岸に転がる玄武岩でも、月から持ち帰った玄武岩となると、ダイヤの原石以上の価値を持つ。

このように物の価値とは、外的要因により変動する相対価値なのである。さらに工業製品の場合には、製品へ投入された労働代価とゆう付加価値も、物の価値の外的要因に大きく関与している。機械化が進み大量生産化するほど労働代価が減り安価となる。自動車や電化製品に至っては、高価なほど性能が良く安全で多機能だが、言いかえれば、物へ投入された開発研究費、安全対策費などの知的労働力の代価が大きいといえる。よってコピー製品は、知的労働力の代価が不要な分、安値となるが、著作権を守るため、その売買は規制されている。

精神世界に関与する美術品に至っては、さらに精神的付加価値が加わり、その価値基準は複雑さを極め素人目には、その価値判断が難しい。今でこそ高価の代名詞であるゴッホの絵だが、ゴッホの生存中は、絵は一枚も売れず、ゴッホの絵は無価値に等しかったのである。しかしながら、物の価値の変動周期に比べ、精神的付加価値のウエイトの大きい美術品の価値の変動周期は長い。

つまり、ある水準以上の高価な物になると精神的付加価値の占める割合が多くなり、相対価値は、より普遍的で不

★★か行★★

動な絶対価値へと移行し始めるのである。

人間の欲望は、より高価な物へと集中する傾向にあり、バラバラな物の価値を、より普遍的な価値基準で表示することを望むのである。宝石のダイヤは、最硬度とゆう基準値で高価値を示し、高価な製品は、ブランドとゆうオリジナル性の証明書により、その製品の高価値は、より普遍性を増すのである。また美術品は鑑定書により、作品と作者との一体性が証明され、その高価値は保障されることとなるが、これは美術品の価値には、精神的付加価値が大きく関与しているためである。

だが、精神的付加価値を有し、その高価さを保障された本物の美術品といえども、歴史の大きな流れの中で眺めると、絶対価値とは言い切れず、時代精神による、外的な変動的価値要素を含む相対価値の上に、一時的に定着した絶対価値といえるのである。

人間は社会の中で、様々な欲望を抱きながらも、その方向性を整理し、精神エネルギーの効率的な消費と生産を行うことにより、互いの欲望による破壊と閉鎖性を回避し、「共存・共栄」している。外的には法律がその役割の担い手であるが、内的には人間は価値とゆうレンズにより、個別に拡散する精神エネルギーを集約させて、新たな生産と消費との循環システムを構築しているのである。

そのレンズは物の相対価値より、精神的な絶対価値の方が、包括する時間と空間が大きいゆえに、より効果は絶大といえる。ゆえに精神エネルギーを集約させて絶対価値を求める宗教は、絶えることがないのである。やがて将来、人間がより普遍的な絶対価値を構築して、唯一の絶対価値の所有者である神の御もとへと至ることを、信じて止まないのである。

◆ 神とは何か ◆

＊ 人類の直観として『ある』もの　…………鈴木　康央

殊更初日の出でなくても、平日早起きして眩い旭日に向かうと、時に何か神々しいものを感じて手を合わせたくなる気になることがある。しかしこれは太陽そのものに対する敬意ではない。なぜなら同じ太陽でも、真夏の苛酷な日差しに対しては罵声を浴びせたくなる気分にさえなるであろうから。つまり太陽そのものに感じるのではなくて、その時その場の環境というか、小鳥の囀り、木の葉のざわめきなどが共鳴する空気に何か敬虔なものを感じるからに他ならない。それはこの世を超えた名状しがたい力であり、自我を空しく感じる瞬間かもしれない。畢竟極めて抽象的なるものに神経が素直に反応するということか。

この反応、即ちとてつもなく大きな絶対的なものを感じた時、それを表現する言葉として「神」と名づければ、非常に納まり良くその気分を表せるように思う。その心で合掌する姿には間然する所がない。

知能を持った人類ならばこそ抽象的概念を思考する。すると必然的に時間・空間を意識するようになり、それはつまるところ宇宙の起源、天地創造という概念に至ることになる。そうなると究極にある絶対的なものを想定せざるを得なくなる。それを「神」と名づければ、その証明は不可能であろうけれども、宇宙の仕組みから浮世の習いまで、色々と都合よく納まるというものである。

例えば「魂」とか「愛」とか「美」とかいう言葉と同様、具体的に定義は出来ないが、「ある」とすれば、即ち言葉をつけることによってより理解されやすく安心できる概念として「神」も「ある」。

さて、この概念はおそらく大多数の人が感じるところのものであろうが、それはあくまで個人的な概念であり、「信仰（心）」という言葉が一番近いかと思われる。当然ながらそういう概念を持たない人、また「神」という言葉に強い抵抗を感じる人にとっては、特に名前をつける必要もないし、また別の名前を勝手につけてもかまわない。

しかし、宗教となると話は別である。「宗教」とは、先述した個人的抽象概念をより具体的な安心感を求めるが故に、強制的集団的に具象化した人類の作品に他ならない。従って「教義」を定め、「儀式」を行い、「組織」を成す。ここに概念が確固たる建造物と化したわけで、教会などまさにそのシンボルである。

私としては「宗教」などは不要だが（時には害悪ともなる）、「神」（信仰）は必要大切なものと思っている。実際、信仰心が無いからとは言わないまでも、蒲柳だからたやすく感染して邪悪な宗教へと陥る人間も多いのではなかろうか。

それからもう一つ、「神」という永劫不滅の概念を信じることで、死の不安を大いに和らげることができる。現世救済の「神」の概念に「死後の世界」を結びつけて説教する多くの宗教の狙いもそこにある。また精神科のいわゆる「前世療法」なるものの一番の効用も根本は同じものであろう。

要は、不安多い人間が、それでも自信を持って生きようとする時に縋る「臍の緒」の先にあるもの、それが「神」なのではなかろうか。

＊神とはすべての存在の根拠である…………山下　公生

神の存在を信じる者において、神の概念は大きく三つに大別できる。まずは唯一無二の宇宙の創造主で、すべて現象の主宰と摂理の源であるの唯一神である。これはユダヤ教のエホバの神、キリスト教の三位一体の神、イスラム教のアッラーの神である。東洋では古代インドのバラモンの「ブラフマン」、仏教における「法」、中国哲学では「天」などが近似的な意味での唯一神である。第二の神は人間の願望や理想の化身の神々である。これは多神論と呼ばれ、ギリシャ・ローマなどの神話の神々である。そして最後はアニミズムの延長線上にある汎神で、ヒンズー教の神々、古代エジプトの神々、そして日本の八百万の神々などである。これらの神々は、唯一神が地域特有のアニミズムと融合し汎神論へと変貌したものといえる。

無神論とは、あらゆる神を一切認めない思想である。西洋哲学の流れでは、デカルトの「我思うゆえに我在り」のコペルニクス的転換により、中世で存在の根拠であった天上の神は、近代において地上の人間の理性に支点をおいた無神論となり、実存主義、唯物史観、優生思想へと行き着いた。

実存主義は神の代わりに自我が主体となった。だが、神との関係を絶った自我は極めて惨めで、無知無能な存在で、この世の不条理に対し、何の光明も解決の糸口も見出せず、世界を閉ざし自閉症の精神病に生きる者となる。その証拠に「神は死んだ」と声高らかに叫び、超人思想の妄想に溺れたニイチェは廃人となった。その系列にあるドイツの実存主義哲学者のハイデッカーは、ファシズムと親密な関係があった。さらに実存主義哲学者サルトルと小説家カミュとの間で交わされた不条理に関する議論で、世間的には無神論者サルトルに軍配が上がったが、実際にはサルトルには何の解決策もなかった。しかしながら、カミュの小説「ペスト」において、不条理に対して無神論者は敗北し、神の存在を認める主人公には、光明が差し込み勝利した。

唯物史観は進化論をベースに思想形成が成されたが、人間とは、環境に適応し進化した猿らしい。もし仮にそうならば、社会を支配するのは力の論理で弱肉強食の非情の掟であり、すべての道徳、正義は意味を成さない。たかだか250万年前の時間の継ぎ目を問題にする進化論であるが、地球が誕生して46億年であり、1年に換算すると人類が誕生したのは12月31日の午後7時ごろで一年間の数時間に悶々と思いを巡らしているに過ぎない。宇宙全体の時間から人間に焦点をあてれば、人間は宇宙の塵、あるいは地球の土から生まれたといえる。聖書ではこのことを（主なる神は土の塵で人を造り、命の息をその鼻に吹きいれられた。そこで人は生きた者となった。）とある。要するに、われわれの知識や思考の及ぶ範囲は、広大無辺な宇宙からみたら海面に浮き出た氷山の一角に過ぎないことを認識する必要がある。

無神論の中でもダーウィンの自然淘汰説より派生した人類を破滅に導く、悪魔の思想というべき優生思想には最大の警戒を要する必要がある。その思想とは、社会には障害者や弱者は必要ではなく、頭脳明晰、体格強靭な人間のみが生存すべきだというもので、ニイチェの唱えた「超人」の世界を彷彿させる精神破綻者の思想といえる。優生思想において優劣の判別者とは権力の座にある一部の狂人である。実際にナチスのホロコーストの土台となった思想である。
人間が自然界の弱肉強食や自然淘汰の非情冷酷なる掟から解放され、すべての人に生きる権利が保障されるのは、神がすべての人々を愛しておられ、その主宰と摂理ゆえ、多様な人間が同時に共存・共栄できるのである。神は障害者も体格強靭者も痴呆症患者も頭脳明晰者も差別されることなく愛されておられる。この事実こそ社会の規範や繁栄の根拠であり、森羅万象が統括的な法のもとに理路整然と在る根拠でもある。よって神とはすべての存在の根拠である。

★★か行★★

◆関係とは何か◆

＊恣意的枠組み　……………鈴木　康央

「…の関係」という言葉をくっつけると、すべてそれで成り立ってしまう。「夫婦関係」「友人関係」などと同等に「他人の関係」とも言えるわけだし、「親密な関係」「敵対関係」などと同等に「無関係」とも言えるわけである。

また昔受験勉強で覚えた「ABの関係はCDの関係に等しい」という英語構文のように、ひとつの関係あるユニットを他のユニットと関連づけてどんどん拡げていくことも可能である。しかしこういったことは単なる言葉遊びに堕する危険性があるので、今はもっと現実的な場面をいくつか考えてみたい。

まず、出会いは偶然なのか必然なのかということ。後に親しい関係となる二人のそのきっかけとなった出会いは、たまたまその場所に出くわしたという偶然なのであろうか。必然論者ならこう答えるであろう。そもそもその場所に二人が出向いたことに共通する関心があったからだ。全く興味のない人間がその場所に向かうことはなかろう。ではそこで会った二人が声をかけあったのはなぜか。それは互いの容姿に幾分なりとも好意を感じたからで、容認できなければ話し合う筈はない。つまり二人が親しくなったのは成るべくして成った結果である、と。それとも結局はただの偶然の積み重ねなのだろうか？　要はいずれの考えに立つかで、その後の二人の関係進展が多少なりともちがってくることは確かであろうということ。

次は「個人」と「他人」の問題。端的に言って、親兄弟も「他人」なのかということ。これを「身内」とするならば、どこまでが「身内」なのか。この問題はその状況によって縮小拡大が非常に恣意的である。即ち「仲間」という言葉を冠することで、時には一族全体が、時には所属する団体全員が、時には町全体、さらには国全体がひとつの「身内」になることもある。はたしてそれが良きことなのかどうかは、ここでは問題としないでおくけれども。逆に「個人」以外は全て「他人」という考え方も十分ありうるわけである。

また、こんな場合もある。不和の夫婦が心理カウンセリングにやってくる。妻の言い分「主人はお酒ばかり呑んでいるんです。それで私が注意すると、それが気に入らないのかまた呑みだすんです。人がせっかく心配して言ってるのに」夫の言い分「女房は俺に小言ばかり言う。それがうっとうしくて酒を呑む。するとまたゴタゴタ言ってくる。もううるさくてかなわない」これを図式化するとどちらがＡでどちらがＢでもいいのだが、「飲酒」と「小言」がＡＢＡＢＡＢ・・・と続き、妻は「ＡＢＡ」をひとつの単位に考え、夫は「ＢＡＢ」をひとつの単位ととらえて、互いに自分の枠組みでしか見てなくて批難しあっていることがわかる。原因と結果が区切り方で入れ替わるのである。

さてこうしてみると、「関係」とは何かを定義することは大変困難なことであり、逐条的に考えていくしかないように思える。つまりは各々のケースがいかなる枠組みを設定しているか次第であるということがわかる。

その枠組みが二者あるいは三者以上の間で共通していればお互い理解しやすいのだが、実際はそこに結構ズレがあることが多いところに色々問題が生じるのではなかろうか。

＊関係とはコミュニケーションによって形成されるものである

…………前川　幸士

関係とは、一般には二つ以上の対象・個体の間に成立する結びつきや関わりのあり方を指す言葉である。人間と人間の場合、関係はコミュニケーションによって形成される。最近、若い世代を中心として、このコミュニケーション

★★か行★★

能力の低下が問題となっている。中には障害にカテゴライズされるものもあるが、その多くは社会のあり方に起因するものではないだろうか。つまり、コミュニケーションが取り難い社会になってきたのである。

現在の日本社会には、コミュニケーション偏重主義の風潮が顕著である。コミュニケーション偏重主義とは、コミュニケーションスキルのみで他人を評価するものであり、小中学から始まり、高校、大学と進むに連れてエスカレートする傾向にある。かつての子ども社会には、多様な評価軸があった。勉強ができる、スポースが得意、絵が上手ということ等で評価された。コミュニケーションが上手くなくても、何かで一目を置かれるという存在のあり方が許されたのである。しかし、現在は評価軸が貧しくなり、コミュニカティブであるか、どうかが唯一の評価軸となってしまったのである。

さらに、このコミュニカティブという評価軸も歪なもので、空気が読めるか、笑いが取れるか、他人がいじれるかといったお笑い系コミュニケーションスキルがコミュニカティブの基準となっている。要するに、テレビでもてはやされているような芸人風のコミュニケーションスキル、エンターテイメントである。ここでは、リベート能力や論理的な能力は相手にされない。理屈よりも空気という基準である。

子どもたちは、大人社会の鏡であり縮図である。大人がそういった歪なコミュニケーションスキルを偏重してきた結果として、子どもがその傾向をカリカチュアライズしている、戯画化しているのである。このようなコミュニケーション偏重主義が進行した原因のひとつは、お笑いブームにある。これが、空気の読み方、コミュニケーションスキルとしての教科書として機能してしまい、他人のいじり方、つっこみ方のお手本、他人をいじる時のお手本となったと考えられる。もうひとつは、コミュニケーションツールの発達である。ケイタイ・メールなど、かつて以上に、子どもも社会における相互に結びつきが起き易い状況になり、流動化が進むようになったのである。流動化が進むと、全員に対して平均的にコミュニケーションの機会が増えるとは限らない。友人の多い者といない者という二極分化が起こり、平均化は起こらない。これによって、低く評価された者、あるいは自己評価を低めた者は、良好な人間関係を形成することができず引きこもりとなることも少なくない。

★★か行★★

このような歪なコミュニケーション形態は、近代の始まりと共に現れたのである。夏目漱石の「草枕」の冒頭に、「山路を登りながら、こう考えた。／智に働けば角が立つ。情に棹させば流される。意地を通せば窮屈だ。とかくに人の世は住みにくい。」とある。そして、その住みにくい世間的な人情を離脱した作品として、陶淵明の「採菊東籬下悠然見南山」と王維の「竹里館」を挙げ、「此乾坤の功徳は『不如帰』や『金色夜叉』の功徳ではない。汽船、汽車、権利、義務、道徳、礼儀で疲れ果てた後、凡てを忘却してぐつすり寝込む様な功徳であると」としている。『不如帰』や『金色夜叉』とはエンターテイメント作品である。つまり「二十世紀に此出世間的の詩味は大切」と考え、これらの詩句を紹介し「淵明、王維の詩境を直接に自然から吸収して、すこしの間でも非人情の天地に逍遥したいからの願。一つの酔興だ」としている。二十一世紀の現代社会に人間関係は、ますますストレスを溜めるものとなっている。王維や陶淵明のように身体は世間にあっても心は隠逸にあることで、関係の息苦しさを逃れるのが唯一の術というところであろうか。

＊関係とは、すべての存在を束ねる見えない意図の表れである　……………　山下　公生

すべての存在は、他の存在に関係することにより、自らの存在の基盤を得ている。物質には、物質間に普遍的な力の関係が成立し、物質は空間に位置し、その空間は時間と一対の相互関係にその存在の意義を得ている。

　地球上の生物は、食物連鎖とゆう命の交換システムの中で生命を維持しており、この食物連鎖システムもまた、造山運動とゆう地球規模の循環システムに連鎖する関係の中で機能している。そしてその地球もまた、宇宙に連なる普遍の法則の関係のなかで生成され、現在もその法則の中にある。そして現在、全宇宙のエネルギーと物質の総和量は不変であるとされており、広大無辺の宇宙は、エネルギーと物質との相互変換による変化変成を継続しているようである。

　森羅万象に働く自然法則とゆう関係は我々人間には、関係の次元が異なりその影響を意識することが少ない。たとえば、人間にとって地球の空気や水や重力は必要不可欠な生存条件であり、自然法則の働く地球でこそ生存できるの

★★か行★★

だが、日々の生存を維持するための衣食住の獲得が目前に迫りくる。人間においては生きる上において別の関係の影響が大きい。それは人間同士の関係である。つまり友達や恋人や家族、そして社会や国家などの関係である。人間は、これらの関係の中で絆を築き子供を産み育て、物を生産し、消費して経済活動をとうして生活を維持する。さらには芸術、学問、思想等の文化が、精神的連動の中で生み出され、より高度に統合されて国家の骨格を形成してきた。そして国家は政治経済、さらに文化の受け皿としての大きな循環システムを構築する。国民は様々な循環システム経路の中に生活を組み込み、生を維持している。この国家が繁栄するためには、物質的な経済活動と、精神的な文化活動が両輪のように活性化することが望ましい状態だと言える。これら人間の関係において重要なのは、バランス感覚といえる共存共栄の道である。このバランスを欠いた状態が利己主義であり、その極限にあるものが犯罪だと言えよう。だが自然界の生物では、利己主義は生き残るための必要条件で、強い遺伝子を残すことが種の繁栄に繋がり、その種の繁栄が食物連鎖の中で、共存共栄の道へ連なっていると言える。この延長上の考えが、無神論の唯物史観や優生思想である。しかしながら、人間社会では、精神世界を組み込んだ弱肉強食ではない社会機構としての食物連鎖の構築が必要不可欠である。要するに弱き者と強き者が支え合う共存共栄の国家である。この提唱者が有神論であるキリスト教の思想である。

社会における共存共栄の関係の道を模索する場合、人間至上主義の神抜きの思想を展開すると、いたる処にその歪が生ずる。たとえば、弱き者を強く正しい者が支える社会とゆう一見美しく装飾された思想の中に賎しい者と高貴な者を差別した過去の封建主義、あるいは、一部のエリートが大多数の大衆を平等の名のもとに管理する形を変えた封建主義ともいえる共産主義の発芽が垣間見える。無神論における人間の平等、尊重の思想基盤は、脆弱で曖昧であるが、キリスト教は、神の前に人間は皆平等であると明確に宣言する。つまり弱き者と強き者との関係は同等であり、両者には、各々の方法による社会と神への奉仕の仕方があると考える。また地球、宇宙、さらに人間すら、神の創造によるものとするキリスト教は、地球とその生態系を、人間の利己主義により破壊することに警戒を促し、共存共栄すべきことを提言している。

人間の存在形態は、宇宙に連なる法則から地球の生態系、さらに、社会的機構に至るまで様々な関係に関与しているが、それらの関係とは、すべての存在を束ねる見えない意図の表れであり、その束ねる方で在られる神を悟ることこそ存在認識の根底と言える。

◆感情とは何か◆

＊『感性』の表現体……………鈴木　康央

「感情こそが他の動物にはない、人間だけが持つ誇るべき特質である」と唱える識者がいる。

しかし飼い犬や猫と接していると、彼らの動作、またその瞳の中にまちがいなく「感情」とおぼしきものを見て取ることがままある。また近年の研究では、植物にも感情があると推測されるデータが発表されている。ただ、それがはたして人間の「感情」と同質のものであるかどうかはまだ明らかではない。盛りがついた猫の、あの闇夜をつんざく叫吼もひとつの究極的「感情」噴火なのか？

では人間の「感情」は「想像力」や「創造力」のように本当に他の生物とは一線を画す優れものと言えるのだろうか。もしそうなら、感情的であればあるほど優秀な人間ということになる筈だが、実際のところ、世間ではあまりに感情的な人間は敬遠される傾向にある。会社でそういう上司はたいてい嫌われる。とすると「感情」というものはさほど優れた特質とは言えないのではないか。

そこで思うのだが、「感情」とは「感性」が刺激されて、その純粋かつ曖昧なものが喜怒哀楽様々な着色を帯びて噴出したエネルギーのことを言うのではなかろうか。従って感じても感情として表出しないこともありうる。事実かつての武士などにはそれが美学と賞せられもした。即ち「感情」とは「感性」の表現体としてのエネルギーと考えていいのではなかろうか。

肝心なのは鋭敏な「感性」なのであって、その表現体である「感情」の量ではない。実際、感情過多な表現はただ白けるだけだし、それを得意がって使う人など、むしろ鈍感な人間に思えてくる。マスコミの報道なども、近頃えてして感情の無駄遣いが多いように思えて仕方ない。

こう書いていて、ふと芥川龍之介の「手巾」という小説を思い出した。息子を亡くしたばかりの母親が訪ねてきたが、至って冷静な態度であった。が、ふとテーブルの下を見ると、母親は膝の上でハンカチを引き裂かんばかりに握り締めていた。「顔でこそ笑っていたが、実はさっきから全身で泣いていたのである」という作品。この後芥川一流の後日談がついているのだが、それは今論ずるところではない。

「感性」は各人の内部にあって成長するものだが、「感情」は肉体から溢れ出て他人にまで作用するものである。逆に言うと、他人は表出される感情をもってその人物を評価、判断するのが常である。

というわけで、「感情」の流出方向、量、方法など、自分で留意しておいた方がいいだろう。下手な感情表現は、場に不相応な服装以上に自分の品性、品格まで下げることになるやもしれないのだから。

＊ 感情とは人の命の根源でありその創造主なる神へ回帰する

…………山下　公生

感情は、人間が過去に自然界で生きぬいてきた感覚反応の痕跡である。現在、人間は自然界の食物連鎖の頂点に君臨し、天敵に襲われ恐怖に慄き逃げることも、獲物を捕獲する時の興奮した神経状態になる事もない。人間が自然界で、まだ食物連鎖の下位であった頃の感情が本能的感情で、皮質下の扁桃体、視床下部、脳幹に加えて、自律神経系、内分泌系、骨格筋などの末梢系が関与する。すなわち、生命の危機に遭遇した場合、感情は高揚し、ノルアドレナリンが分泌され脈拍は上がり、交感神経が活性化して神経は興奮状態となり、エネルギー消費レベルは最大となり、生命を賭け最大のパワーを発揮する。あるいは、獲物不足の飢餓状態が続くと落胆した感情によりアセチルコリンが分泌され副交感神経が働き脈拍は遅くなり、神経は沈静化へ向かい、エネルギー消費を極力抑えて好転へむけて待機する。そして、個の生命を子孫へ受け継ぐ生殖活動へ導くのが、性欲を動因とする快楽の感情である。

個の生命体は、集合体となることにより強力となるが、人間は本能的感情を研ぎ澄まして、自然界で厳しい生存競争を生き抜き、社会集団を形成するに至り、より安定した生存を確保し、ついに自然界で食物連鎖の頂点に君臨することとなった。この集団形成の家庭、社会、国家等の結束の根底となったのが愛を本源とする帰属性の感情である。固体の本能的感情は、集合体に適応化することにより、私情を超えて公的感情へと向かい理性的感情となった。そしてこの理性的感情は、社会における善悪の共通判断、自然法則の真偽の共有認識などの要となる共感性や普遍感覚を獲得した。そして、社会生活を営むことにより、人間の創生期の生存競争において活躍した本能的感情は、思考を介する理性的感情へと進化した。公的な真理発見に喜びを見出す感情は、哲学の原点ともいえる感情であり、理性的感情のひとつである。理性的感情は思考を基盤として、法律による社会における善悪概念や、科学による自然における真偽認識など確立させて、現代の人類繁栄に至る先導役を担った。理性的感情は、情動エネルギーを思考により、論理的整合性を駆使し社会での適応化を成していく。それにより、原始時代にテリトリー抗争や獲物獲得に活躍した怒りの感情は、社会における不正に対する義憤となり、社会正義を維持する原動力となっている。天敵に対する恐れの感情は慎重さや、正確な状況判断をする感情となり、科学技術の進歩に貢献している。さらに個人的哀しみの感情は、他者の痛みを感じとれる慈悲の感情となり社会の潤滑油となっている。

人間は神より愛の恵みを賜り、理性的感情を育成し、共感や共存感覚とゆう社会結束の要となる情感を得た。この本能的感情から理性的感情への移行時に、未消化、未整理のまま、長年のうちに蓄積された感情群が、深層意識の情動エネルギーである。この本能的感情の未消化、未整理の堆積層は、漠然とした不安、あるいは無意識の欲求不満となり、蓄積されて不安定な情動エネルギーとなり、犯罪や戦争へ至る精神的荒廃の温床となるのである。

この不安定な感情群を浄化するのが感情のカタルシスである。生理的には体内に溜まったものを排出するという意味で、長年に及び蓄積し、エネルギーの増大した不安定な情動エネルギーは、娯楽等による代償行為により排出される。それでもなお未排出の感情は、芸術の介入による感情導入、感情同化により、蓄積感情は昇華される。しかし、それでもなお昇華されなかった蓄積感情は、最高次の霊的活動へと向かう。そしてついに、感情エネルギーの未消化、未燃焼を一切生じない神と共にある実感を伴う霊的感情へと至るが、これこそが信仰である。つまり、感情とは、人の命の根源であり、その創造主である神へと回帰し、そこで本来の機能を発揮し安住するのである。

◆偶然とは何か◆

＊能力不足による心理的作用……………鈴木　康央

以前何かのテーマの時にも譬話として記したけれども、今回は正に「偶然」そのものがテーマなので、もう一度書かせていただく。

小さな子が家の門から飛び出したとたんに丁度走ってきたトラックに撥ねられてしまった。この事故、子どもにとっても運転手にとっても「偶然」としか考えられまい。しかし、もしこれを上空から眺めていた者がいたとしたら、その者は走るトラックと子どもの飛び出しの相互のスピード、タイミングから起こるべくして起きた事故として目撃することだろう。即ち「必然」として捉えるであろう。

私は、偶然とは人間の能力の限界がもたらす心理的作用であると考える。裏を返せば、この世界はすべて必然で成り立っているということ。ビッグバンとは超巨大なスケールのビリヤードのファーストブレイクのようなもので、以降星々が互いに正確な角度で衝突と跳ね返りを繰り返し続けるものである。摩擦も抵抗もなければ、すべての球の動きが計算できる筈である。我々はとてつもなく巨大なそんな必然の流れの途上にいる一点にすぎない。出会いも別れも必然である。早い話が運命論。しかし運命論とは、けっして頭だけで承認されるものではなく、体験を通しての頂門の一針、感得するものである。

人間は能力不足からそれが計算できず、偶然とみなしているだけである。ただそれにも当然個人差がある。極端な例を挙げれば、全盲の人は音で雷を知るだろうけど、健常人は彼より数秒早く光によってそれを知る。つまり偶然の範囲に差があるということだ。

もっと身近なこととして、視力や聴力の差異が事故に遭うか回避できるかという現実問題を決定づけるかもしれない。

また知識、経験による差異もある。生まれたての赤ん坊にとっては、身の回りに起こることすべてが偶然、奇跡かもしれない。しかし経験を積んだ漁師は、朝浜辺に立つだけで数時間後の天気や波の具合を予測し得るだろう。

これら生来的個体差、また経験による個人差、いずれにせよその能力の差はあるが、誰しも限界があることに変わりなく、その外側の事象を偶然とみなしているのである。

さて、我々は神にはなれない。必然を把握することは不可能である。従って今後とも誰もが「偶然」としか考えられない出来事に遭遇し続けるだろう。しかし、そんな諸事から学習することはできる。それが先にも書いた経験による予測となるのだろうが、これによって偶然を幾分なりとも狭められることは確かだ。

若い頃に「どうして俺だけこんな目に遭うのか」と偶然を呪ったことも何度かあったが、今思い返して眺めてみると、それが必ずしも悪い結果だけではなく、むしろそこに「お蔭様」を感じることさえある。丁度ルビンの壺のように、白黒が反転して別の物が見えてくることもあるということだ。

こんな風に書くといかにも年寄り臭く思われそうだが、必然に悪意など微塵も含まれていないのである。

＊偶然とは、神の支配からの脱却である

……………前川　幸士

この世の中に必然なことなど何もない。この世の中のすべては偶然によるものである。この宇宙のすべてのできごとは、偶然によって支配されている。よく、スポーツの試合などでは、勝敗に偶然はない、結果は必然的なものであるということが言われるが、その選手がその競技に取り組んだことは偶然によるものであり、その対戦相手もまた偶然に決まったに過ぎない。

だいたい、人類をはじめとする生物にとって、自分という個体が存在するのは親の偶然的な出会いによるものであ

★★か行★★

る。もっと言えば、生物の存在そのもの、種の存在そのものが偶然による結果でしかない。地球上に暮らす人類が、宇宙人のような地球外生命体と未だに邂逅できないのは、広大な宇宙であっても地球以外に生命体が存在しないことが確率的に証明されているからであるという説を聞いたことがある。エントロピーが増大する方向に進むこの宇宙で、秩序だった方向へ進んで地球に生命が誕生したのは、それこそ偶然でしかあり得ない。

古来、人類は、宇宙の原理であるエントロピー増大の法則に反する、この偶然に説明をつけるため、神という超越した存在を創造し、このスーパーバイザーによって、納得できないすべての問題の解決をつけようとしてきた。敬虔なクリスチャンであったニュートンは、神が創りたもうた宇宙には秩序があり、天体の運動ひとつをとっても、必ず法則がある筈だと信じて、さまざまな物理法則を発見した。彼が万有引力の法則を発見する契機となったと伝えられるリンゴは、キリスト教において人間の原罪を示すシンボルでもある。コペルニクスもまた神を信じ、神を象徴するような存在である太陽が移動する筈がないと考え、地動説を唱えた。

ところが20世紀になると、サルトルのように神の存在を否定し、神の意志や神による秩序と統制を否定する者が現れる。サルトルの思想は、無から一切の万物を創造したという神の存在を否定して、今まさに生きている自分自身の存在である実存を中心とするもので、実存主義と呼ばれる。宇宙を創造した神がいないのであれば、そこには秩序や法則はなく、すべては偶然によって支配されていることになる。つまり、この宇宙のすべては神によって支配されているとする中世的な宗教観による束縛から解放されるのである。まさに、偶然とは、神の支配からの脱却である。

サルトルの一世代前の文学者に『変身』で知られる文学者カフカがいる。彼は、保険局員として勤務した自身の経験から、労働者が事故に遭遇することに必然性のないこと、どの労働者が労務災害にみまわれるかは偶然であることを発見する。日頃の行いの悪い者には悪い報いがあるという因果関係は、実際には存在しない。誰も見ていないところで悪事を働いても神様が見ているというわけではない。旅行先で自然災害に遭遇して命を落とすこと、乗り合わせた列車が脱線して重傷を負うこと、これらの事象は、当事者の悪行の報いではなく、偶然の産物でしかない。この世界は不条理なのである。

西欧世界は、カフカやサルトルに至って思想的に初めて、神の支配から脱却したのではないだろうか。古くはマルティン・ルターやヘンリー8世が、権威的旧体制による神の支配を否定し、そこからの脱却をはかったが、理性的で近代的な意識によって神を否定し、その支配から脱却する道をつくったのは、カフカやサルトルである。

では、神の支配から脱却してしまった現代人は、何を規範に生きていかなければならないのか、秩序や法則のない偶然に支配されている世界のどこに規範を求めるべきかが問題となる。不条理な世界の中で、ニヒルに生きるしかないということになる。しかし、中国には紀元前に「天道是か否か」と神や天を否定した司馬遷がいる。人間は神に頼らなくとも、社会の中で自ら規範を創造することができる。偶然の支配する世界でも充分に生きられるのである。

＊偶然とは無神論の思考形態である

…………山下　公生

「神はサイコロを振らない」とは、偶然を基盤とした物理法則の不確定性原理の量子力学者に対抗した必然の理論基盤である相対性理論の発明者アインシュタインの有名な言葉である。この言葉は無神論者と信仰者との議論ではなく純粋な物理学的論争の末に発せられた言葉である。ボーアは科学的議論に神を持ち出すのはナンセンスであると批判し、それは常識的には正しいが、科学ですら神の手中にあることをボーアは見逃していたのである。アインシュタインは、神が存在するならば、偶然は存在せず、必然の相対性理論的展望に行き着くとゆう意味でこの言葉を発した。

もちろん、科学的証明とは、矛盾のない演繹的論理命題と、五感で実証された実験、観測データーの帰納的命題との整合性に存在するが、科学も勿論、二律背反命題の思考の闇に関しては無力である。森羅万象は、偶然で確率的に変化しているに過ぎないのか、それとも必然的に統治された法則のもとに整然と存在しているのかを問うことは、思考と感覚を基盤とした合理性の粋である科学の盲点である二律背反命題である。とゆう訳で、現代物理学は、この宇宙が単なる偶然の産物に過ぎないのか、あるいは神の必然の創造物なのかの問いは、偶然性の超弦理論と、必然性の大統一理論へと両極へと進展し、いまだ明確な結論へは至ってはいない。

では、われわれの世界での出来事は、単なる偶然の積み重ねに過ぎないのか、あるいは古典力学のように整然とした法則のもとに動いているのだろうか。これは、その事実の判断以前にわれわれが、世界をどう見るかとゆう思考支点に依存しているようである。道元禅士は、「仏道とは己を極めることなり、己を極めるとは万法に証せられることなり」といった。あるいは、法華経では「妙法蓮華」すなわち、法に連なり添いて生きよと。つまり、この世を制する必然の法が存在し、われわれは、その必然性の法に気づく時、悟りと導かれる。さらに、因果応報が説かれ、必然の法を無視し我欲に生きても邪悪なる願望は成就しないといわれる。キリスト教においては、神の主宰に添いた「黄金律」が仏法に近似するものである。

わが国では、床屋の数より宗教団体が多いといわれる。つまり伝統的で真剣な覚悟を要する正統の宗教を敬遠しながら、お手軽な宗教もどきに傾倒する不思議な現象である。これらの疑似宗教は、霊感、超能力、前世の生まれ変わり説、幽霊、悪霊、占い、強運獲得、など数え上げたら限がないほど妄想に富んでいる。これらの妄想群は、一見すると妄想の産物に過ぎないと考えられがちだが、実は正統宗教のお粗末な模造品なのである。たとえば、奇想天外な前世の生まれ変わり説は、仏教の輪廻思想の偽物であり、霊感はキリスト教の預言者が神の啓示を受ける時の形態を意味し、また、新興宗教の売りの殺し文句である低俗な超能力獲得は、信仰の成熟に伴い見出される神の御加護であるカリスマなのである。

この世界のすべてが偶然であれば、宗教は存在しない。つまり、正義も善も真理も美も愛も存在理由がなくなり、社会は弱肉強食の殺伐とした視界が広がる刹那の世界が存在するのみとなり、世界観は自己の存続のために他人を利用し合う混沌とした危険に満ちたジャングルに過ぎないものとなり下がる。

偶然から必然は生じず、必然が存在するためには、必然を統治する主体が存在しなければならない。その主体こそ万物の創造主である神である。だがその認識は、思考の限界を超えた次元にある。つまり論証の結論が正反対の答えに至る永遠の水かけ論の二律背反に至る。しかしながら、その答えは、いたってシンプルな言葉である「神はサイコロを振らない」に秘められているようである。

◆芸術とは何か◆

…………鈴木　康央

＊伝え手と受け手との共鳴

つまるところは個人の精神（感性・美意識）だと思う。

自称芸術家なる者が鉄塊を数個並べて「これぞ芸術！」と宣言しても、ただの鉄くずにしか見えなければ、それは私にとっては芸術作品とはならない。

音楽について言えば、小さい子の音階練習などは芸術とはほど遠い。もう少し上達して一曲楽譜通りに間違わずに弾けたとしても、異論もあろうが、私としてはこれもまだ芸術とは言い難い。演奏者がその曲に何か思いを込めて自分なりの表現をした時こそ芸術と呼べるものと考える。即ち音楽における演奏家の役割とは、再創造芸術として意味があるのであり、それは作曲家と同等価値のものだと思う。この点美術作品とは全く違う。美術品の再創造とは贋物にすぎないのだから。

要は、芸術家（音楽家、画家、小説家、演出家、俳優等々何かを伝える側）は、作品を通じて自分の精神を表現しなくては意味がない。そして聴衆（観衆、つまり受け取る側）が、その作品に自分の精神と共鳴するものを感じた時にそれが芸術作品となる、というのが私見である。

従ってたとえ天才的な伝え手が現れても、誰もそれに共鳴できずに、これまで埋もれていった人物ないし作品も多々あったろうと思う。あと10年遅く生まれていれば・・・とか。

逆に一度名声を得た人の作る物が、必ずしもすべて芸術作品とは言えないのではないか。また影響力のある人の後ろ盾によって芸術とされたものもあるように思える。いずれにせよ受け手が付和雷同して共鳴した結果芸術作品となったもの、こういうのも少なからずあるのではなかろうか。

ところで同じ人類であっても、人種、あるいはそれ以上に所属する文化的背景の違いによって、受け取る反応も様々なようだ。

周知のことだが、同じ虫の声でも西洋人は左脳で聞き、日本人は右脳で聴くと言われている。日本人は人工的作品に限らず自然にも、いやより自然なものに共鳴するのかもしれない。とするならば、自然もまた常に伝える側としてその「こころ」を表現しているということになる。

そう言えばartという単語には「芸術」という意味と「技術」という意味がある。我々日本人にはこの二つは別個のものと思われるのだが、彼らには非常に関連したイメージなのだろう。実際、石を技術を以て削ったり磨いたり色をつけたり加工して仕上げたものを芸術としている。日本では石をそのまま庭に並べるだけで充分に観賞に値するものとなる。

また一方で、世界が急激に小さくなりつつあるのも事実。インターネットをはじめ伝達手段の進歩によって世界中が通じやすくなった。私はここに懸念を感じる。なぜなら「通じやすい」ということは、表現する努力が必要でなくなるということであるから。世界はどんどん画一化の方向に進んでいるということ。はたして画一化された世界に芸術なんて必要だろうか。そこに芸術が生まれる需要と余地が残されているのだろうか、と。

＊　芸術とは存在を問うものである　…………　浜田　節子

星を取ろうとして屋根の上で網を振り回す小話がある。当然届かぬ彼方にある星・・・芸術もそれに似てすぐ近くにあるように見えても凡人には届かぬ夢である。思考、才能、時間、努力、感性をかけて夢を形にしたものが芸術と呼ばれる領域に入るのかもしれない。

真理の追究・・・人が他の動物と決定的に異なる所以である。真であり、善であり、美を象徴するものは、必ずしも視覚の条件を満たすものとは限らない。人間の全神経、五感あるいは六感を震撼とさせるもの、対象に向かって大いなる肯定・感動を促すものを「芸術」という。

芸術は悪を支持しないが、正義とも関係を持たない。芸術は、鑑賞者の審美眼を問うが、人を裁くものではないからである。

芸術にはある種の証明性がある。それは作品が真実（真理）の核心に呼応するものであり、存在論的な意味を有しているから。

芸術はArtと訳される。この言葉に共通する術＝方法は、明らかに人の意図を含んでおり、技という習得・鍛錬を必要とするものである。つまり、芸術とは崇高であると同時に人為的な作業によって作り上げられる極めて高度な作品群ということである。

人が創るものであれば、当然、鑑賞者の欲求に応えるものという基準がしかれるが、鑑賞者のレベルも相応に高いレベルを要求されるものである。人として相互に高めあうことで、芸術という範囲は確立されてきたものと思う。

単に美しく人に媚びるようなものは陳腐とされ、視覚の華やかさを追わない侘び寂のような閑寂の趣を至高とするものもある。その道を極め尽くした彼方に見える芸術性を人は待ち望んでいる。創作者や演技者やそれを待ち望む鑑賞者の存在をかけた大いなる肯定、大いなる賛美が時空に花開くとき、「芸術」の本当の意味が炸裂するのである。

「芸術」とは、人間の存在を問うものに他ならない。

＊　芸術とは、越す事のならぬ世を寛容てくれるものである

……………前川　幸士

夏目漱石の小説、『草枕』（1906年）は、青年画家を主人公として非人情の世界を描いた小説である。「山路を登りながら、こう考えた。智に働けば角が立つ。情に棹させば流される。意地を通せば窮屈だ。とかくに人の世は住みにくい。」と冒頭にあり、これに続いて「住みにくさが高じると、安い所へ引き越したくなる。どこへ越しても住みにくいと悟った時、詩が生れて、画が出来る。」とあるく。詩作や絵画といった芸術が、人情の世界であるこの住みにくい世の中に憩いと安らぎを与えるものとされている。「あらゆる芸術の士は人の世を長閑にし、人の心を豊かにするが故に尊とい。」とあるから、この小説の主題を芸術至上主義と考えることができる。この世の中のどこにでもあるしがらみから逃げ出して、詩画の佳境に転じようというのであるが、夏目漱石は西欧の芸術に逃げるのではなく、

東洋的な隠逸の中に芸術の在り方を模索していた。

世間的な人情を離脱した作品として、陶淵明の「飲酒」其五の「採菊東籬下悠然見南山」を挙げ、これを読めば「超然と出世間的に利害損得の汗を流し去った心持になれる」とし、もう一方で王維の「竹里館」を挙げて「只二十文字のうちに優に別乾坤を建立して居る。」と評している。只二十文字つまり五言絶句という最も少ない字数の漢詩によって、別乾坤つまり別天地を創り出しているという。只二十文字とあるが、逆に考えれば五言絶句であるからこそ、その少ない言葉の余白で以って無限の広がりを持つ自然を詠っているのである。日本の定型詩である俳句も、十七音という最も短い詩形に季語を盛り込み四季の自然を詠うものである。短歌も元来は自然を詠むことに始まった詩であるが、短歌と俳句の両方に長けていた正岡子規によると、俳句の方がより広い世界を表現できるということである。言葉が少ないだけ受け手が余白に創造力を働きかけて多くの世界を享受するのであろう。『草枕』が「俳句的小説」であるといわれる所以である。

さらに、この文章に続いて「此乾坤の功徳は『不如帰』や『金色夜叉』の功徳ではない。汽船、汽車、権利、義務、道徳、礼儀で疲れ果てた後、凡てを忘却してぐつすり寝込む様な功徳であると」と説明している。『不如帰』や『金色夜叉』は、世間のしがらみを描いた小説であり、智情意に縛られた文学である。続く、汽船、汽車、権利、義務、道徳、礼儀も芸術とは、ほど遠い概念を現す言葉である。

カナダの天才ピアニストであるGlenn Gouldの臨終の枕元にあった二冊の本が、『聖書』と『草枕』であった。その英題"The Three-Cornered World"は意訳であり、「四角な世界から常識と名のつく一角を磨滅して三角のうちに住むのを芸術家と呼んでもよかろう」という主題のひとつから採ったということである。つまり、この英題は、この小説の主題を芸術にあると理解して付されたものと考えられる。

芸術という語彙に対して、芸道や芸能という語彙もある。明治期に嘉納治五郎により、柔術が柔道になって以降、剣道、書道、華道と、道が付けられて体系化されていった。しかし、芸術は芸道とならずに、芸術の語彙が定着したのである。芸道あるいは芸能の語彙は、使い古され固有のイメージがあったため、芸術の語彙が"art"の訳語としても定着したものと思われるが、道がついて芸道となると、どこか智情意に束縛されそうなイメージがわいてくるのも事実である。「越す事のならぬ世が住みにくければ、住みにくい所をどれほどか、寛容て、束の間の命を、束の間でも住みよくせねばならぬ。」、そこに芸術の使命があるのである。

＊ 芸術とは精神の具象媒体での伝達活動である

…………… 山下 公生

自然界は人間の五感で捉えられるものだけ存在する訳ではない。だが、この感知不能な存在は人間の生存に深く関わり大きな影響を及ぼしている。この領域を思考による理知的な認識方法により解明する方法は、哲学として誕生し、科学として発展し現在に至る。

五感で捉えられない現象そのものの解明方法は科学として確立してきたわけだが、この現象が精神に及ぼす影響の解明は別の過程を　経て芸術に至ったと考えられる。科学の誕生に哲学が深く関わったように、芸術の黎明期は宗教が深く結びついている。人間が生死の現象に精神的に深く関わり、埋葬の儀式様式の発展により誕生した芸術に、ピラミッド内部の装飾芸術、あるいは中国や日本の古墳における供養芸術品などが挙げられる。また古代インドの彫刻はバラモンの神々であり、その後の東洋の彫刻は仏像が大半を占めた。さらに古代インカ帝国の芸術品も宗教儀式に関するものである。ヨーロッパの芸術の黎明期はギリシャの神々のヘレニズムの流れとキリスト教の唯神的ヘブライニズムが交錯しながら発展し、やがて中世にはキリスト教芸術が主流をしめ、教会建築そのものが数百年をかけて建造された芸術品となる。さらに教会内部の装飾品は中世の芸術の宝庫である。総本山、サン・ピエトロ大聖堂は、宗教的聖地であると同時に、中世芸術の象徴でもある。

五感で捉えられない実態は、科学の場合は仮説命題を立て数学で論理検証し、五感主導の実験、観測により、命題の現実への整合性を確証して命題を実証する訳だが、芸術の場合は感知不能な現象、実存を第六感や直感や霊感などの希少能力により捉えて、万人が五感で共感できる具象を用いて、象徴性、あるいは比喩的表現を駆使して伝達する。その具象媒体とは、視覚においては二次元の平面上で線と色で伝達する絵画、三次元の立体で伝達する彫刻、そして

★★か行★★

可聴域の音を媒体とする音楽などである。

芸術は時代の落し子であり、その時代の象徴でもある。西洋の芸術史を眺めてみると、時代精神の申し子である西洋哲学の流れと相関関係を示している。古代はギリシャ哲学の合理性とキリスト教の啓示性が交錯し神話や啓示が主題をしめ、やがてスコラ哲学が隆盛を極めるとキリスト教が主流をなし、中世は教会を中心に神が主題である宗教芸術が教会を中心に栄えた。音楽においても神にささげる祈りや聖歌が中心となる。十四世紀に始まるルネサンスとともに哲学は神から人間の理性へ焦点をあて、デカルトに始まる合理主義哲学が始動すると同時に、芸術は宗教色を脱し、リアリズムを追及した写実的芸術である古典主義芸術となり絵画は精密性を極めた。敬虔なキリスト教徒で、音楽を神への奉げ物としたバッハの緻密な和音進行の音楽は、バロック音楽の集大成となり、モーツッルト、ベートーベンの古典派へと連なる。十八世紀末から十九世紀前半に入ると、それまでの理性偏重、合理主義などに対抗し、感受性や主観に重きをおいたロマン主義が台頭し、それに対応するがごとく絵画において、ゴッホ、モネ等の印象派が生まれた。音楽においては大衆性や即効性と共鳴する音楽へと連なり、現代の大衆音楽となる。神を否定する実存主義の系譜の先駆者としてのニーチェ、あるいはマルクスの唯物史観を皮切りに現代哲学は神と決別し、フロイトの精神分析の影響のもと、シュルリアリズムが誕生し、具象的媒体が極めて非現実的となり、伝達様式が難解となるが、それは伝達する内容が形而上的な意味での普遍的難解さではなく、極めて個人的であるが故の伝達における難解さである。

芸術とは精神現象の具象媒体での伝達活動であるが、日々の祈りをとうして、日常の具象性の中に啓示を受けながら神と共に生きる信仰生活は至上の芸術といえるのである。

◆原理主義とは何か◆

…………鈴木　康央

＊一つの選択肢

「原理主義」と言うと、昨今「イスラム原理主義」が紙上を賑わせているし、歴史の教科書ではキリスト教のファンタメンタリズムで馴染んでいる言葉である。つまり宗教上の原典主義、聖典など原点に帰ってその教義を忠実に厳守する考え方を言うものである。

しかし、ここでは宗教に限らず、広い意味での「原理主義」を考えてみたい。伝統、慣習などたいていのものが長い時の変化とともにその姿を少しずつ変遷していくものだからだ。

先日あるテレビ番組で、興福寺の「阿修羅像」をとり上げ、ハイテクノロジーを駆使して様々な角度から新事実を報じていた。その中で面白かったのは、現在目にする顔（三面あるが）の内側に別の顔が存在していたということ。即ちこの像が誕生した時の顔と今の顔は別物であるということである。当初の顔は像の名「阿修羅」に相応しい鬼面、恐ろしい形相をしていた。が、現在の顔は幾分悲しみと憂いを潜めた凛々しい少年の表情である。これが、いやこれでこそ、空間に伸びた六本の腕と相俟って像全体が気高い美の化身となっているのだ。果たして当初の顔のままだったら、これほどまでに万人の心をひく国宝となっていたかどうか？　番組では顔が変化した（作り変えた）理由についても色々と憶測していたが、私としては、ともかく今日目にする「阿修羅像」に心奪われる。当初のこの像の製作意図などどうでもいいのである。

19世紀にブルックナーという作曲家がいた。山脈を彷彿させるようなスケールの大きな交響曲で有名であるが、彼のスコアには「原典版」とか「ノヴァーク版」とか「ハース版」とか色々な版がある。つまり、そこがブルックナーの鷹揚というか優柔不断というか、他人の忠言、意見を簡単に受け入れて作り変えてしまう作曲家である。で、問題はどの版が一番いいのか、ということだろうけれども、もちろんその演奏者によるところも大きいが、結局は聴く人の好みでしかない。必ずしも「原典版」が特にアグレッシブというわけではなく、他の版の方がより洗練されているというわけでもない。聴く時の環境、精神的状況など諸条件に応じて勝手に選べば良いのである。

さて、宗教に戻って考えてみよう。そもそも聖典なるものも、キリストなり釈迦なりが自ら手記したものではなく、その弟子たちが各々師の話を書き留め、あるいはその素行を後に思い出しながら、自分の個人的感想もふまえて記録し、編纂したものにすぎない。つまり原典（聖典）そのものが多分に色づけされたものであるということだ。従ってその原典自体が唯一絶対正しいとは言えないわけだ。それでもその教義を徹底的に厳守する、というのが「原理主義」である。それはそれでひとつの選択である。

要は、時代とともに変化していくものに対し、それを与しやすく感じるか、あるいは抵抗を覚えオリジナルを崇めるか、個人の選択次第であるということだ。そしてそれは真か偽かというよりも、むしろ快か不快かが判断の基準になっているような気がする。

＊原理主義とは時代の過渡期に順応出来ない保守派の原理原則への固執盲信である　山下　公生

原理主義といえば、イスラム原理主義の知名度が高く、そのテロ活動と相まってイスラム教は世界中の批難を一挙に受けているが、実はイスラム原理主義とはイスラム教の特殊な一教派に過ぎず、すべての宗教に原理主義が存在するのである。元来、原理主義という日本語は、アメリカ合衆国のプロテスタントの一教派が１９２０年代に遂行したファンダメンタリズムの日本語翻訳である。このファンダメンタリズムとは、世俗化していく現代社会に対抗して聖書を唯一の拠り所とするあまり、その内容を極端に活字どおりに解釈し、神の「御ことば」であるべき聖書を人間主観の狂信的妄想のドグマに変容させたのである。神の「御ことば」とは、人間の言葉で理解できない「レーマ」と呼ばれ、日本語としては「言霊」が対応し、象徴的暗喩の表現のなかで啓示されるものであり、信仰と相まって実際に現実で検証されることが、聖書のおける「言霊」の本質である。よって、カトリックでは聖書は勿論のこと、信仰の現実的証しであるカリスマの聖人暦を重要視し、双方の整合性により聖書の理解を深めることで、信仰の原理主義化

★★か行★★

を戒めている。聖書の本筋である啓示をないがしろにして、聖書の字面のみを理解しようとすることは、信仰の本末転倒であり、神の存在を無視することである。その信仰をなおざりにした聖書偏執は、キリスト教の教義から外れて異端的ですらある。

　発端であるキリスト教原理主義同様に、それ以外の各宗教でも、現世に対抗する極端な現実無視の信条主義的姿勢は、原理主義なる教派を生んだ。ユダヤ教原理主義は、シオニズムによる選民主義でユダヤ人は在住国で敬遠され、ドイツにおけるユダヤ人迫害の引き金となった。時を同じくして日本の神道原理主義は、国家包みの民族主義的ファシズムに至り戦争へ突入した。また、現代日本の仏教原理主義は、経典の比喩的表現を誇大解釈し、現実的実態を無視した暴走的行動に至る。インドのヒンズー原理主義は、蒙昧なカースト制度を推奨し人権侵害思想の下地を形成している。そして現在アラブでは、イスラム原理主義が台頭し、聖典コーランやイスラム法に基づく国家統制を主張し、それにそぐわない場合は、テロ活動を行使することが神の使命だと盲信する。宗教における原理主義には、現実軽視と聖典偏重いう共通因子を見いだすことができる。

　原理主義の哲学的な解釈としては、カントの二律背反なる思考暴走の制御的規律を喪失した認識機能の崩壊である。人間は霊的存在であると同時に肉体的存在でもある。よってその確実な認識は、霊的悟性と肉体的感受性との整合性の中にこそ存在する。故に原理主義は宗教に限らずあらゆる思想に内存する。経済においては、市場原理主義とゆう極端に自由競争を推奨した原理主義が登場する。その問題点は、人間社会は、弱者救済の原理により発展したという黄金律の認識が欠損していることである。市場原理主義の対極にある共産主義でも原理主義は存在する。それは唯物史観を固執するものであり、その「イデオロギー」が聖典となるのである。共産主義おける原理主義は、民主主義を主張する思想にたいしては、粛正による圧政で独裁体制を維持し、ブルジョアとプロレタリアの対立構造という旧態依然の稚拙で形骸化した「イデオロギー」をカルト宗教のドグマの如く行使するのである。

　人類が生き残る為に獲得してきた尊い原理原則は、伝統のなかに大切に保存されてきた。この伝統は人類に必要不可欠な保存金庫である。だが、時代の変化とともに詳細なメンテナンス的微調整が必要となる。時代が過度期を迎えた時、それに順応できない硬直した保守派が、適応不具合を生じた原理原則に固執し、偏狭なドグマを盲信強行する時、原理主義が誕生するのである。

◆構造主義とは何か◆

＊学究的アプローチの一つ

…………鈴木 康央

ものの構造を考えるとは、頭脳、特に知性と理性が先立つアプローチであり、物事を心、感性で受け止めようとする態度とは対極にあると言っていいだろう。要は、対象とする事物を構成要素に分解して、各要素の特異性を調べ、要素間の関係を考察するという作業をもって、その物自体を明確に理解しようという思考過程である。

いかにも西洋人が好み、得意とする「分析」を下地とするものである。ひょっとしたら死体の解剖などから始まったのじゃないかしら。バラしてみると蛙、犬、人間の構造の類似点、相違点が明らかになってきた。とすると大概の物事はバラしてその構造を調べれば、うまく分類できるのではないかと。

かくしてそれは心理学にも応用され、フロイトは人の心までも構造的にとらえ、自我、イド、超自我の三つの部分に分け、各部の働きと互いの力動的な関係を図式化し、説明しようとしたのである。その真偽は別として、それまで雲を掴むようなわけのわからぬ「心」というものを、レントゲン写真のように明示したことの意義は大きい。

構造主義をこのように一つの方法論として心理学や物理学、社会学、生物学などに応用するのには、私は何の抵抗も感じない。しかしこれを芸術の世界にまで持ち込まれると、実際使われているのだが、素直に歓迎する気にはなれない。

音楽界を取り上げてみる。学究的に一つの曲、例えばベートーヴェンの交響曲の構造を研究するにはこの方法は大いに役立つ。あるモチーフがどのように展開、変奏されていくかとか、モチーフAとモチーフBの関係、それが相似形であったり鏡に映したように対称形であったりとか、対位法的発展の進行具合等々、これによって明確にされていく。

ところが実際の演奏においても、こういった楽曲の構造を意図的に明示しようとした演奏まで出てきた。それはそれで確かに曲の構成がわかりやすくはなるのだが、こういう演奏は曲全体が醸し出す精神的な面、即ち心に訴えかけ、魂を揺さぶる部分が薄められるのも事実である。少なくとも私は、感動を期待せずにベートーヴェンを聴こうなどとは思わない。(「リズムごっこ」のストラヴィンスキーあたりを知るためには、この方がいいかもしれないけれども)

その対極にあるのがフルトヴェングラーのような演奏である。当然彼の頭の中では楽曲の構造は十二分に把握しているに違いないが、その指揮棒から引き出される音楽は、そんな積み木のような演奏とはほど遠い、ディオニソス的ダイナミックな音の海流！　私が音楽を聴く時に求めるものはこれ以外の何ものでもない。

音学として研究したり、趣味で自分が何か新しい曲を弾く時に楽譜に対面するのとはわけが違う。「構造主義的演奏」など具材を並べただけの料理のようなもので、料理人、つまり演奏家の味付けが価値を持つのである。

＊構造主義とは思考座標の模索である…………山下　公生

ルネサンス以降、哲学は人間至上主義となり、神とは実在する天上からの啓示を解読し、実在を認識するものではなくなり、地上の人間が創作した神話となり、デカルトやヘーゲル理神論、あるいはスピノザの汎神論などの疑似神を妄想した。さらに追い打ちをかけるがごとく、思考の限界を超え神の領域に不遜にも立ち入り、無神論を唱え精神異常者となったニーチェに続く。やがて哲学の中心命題であつた世界とは何か、あるいは真理とは、正義とは、そして善とは何かなどを問う、哲学最大の魅力であったイデア的洞察や啓示的応答などの形而上世界の解明は、すっかり衰退し、自己中心で閉塞的な実存主義、それに続く極めて視野が狭く、単純で稚拙な歴史観の唯物史観、さらに、その副産物の悪魔的な優生思想などの俗物思想が主流をしめ、デカルトに始まる唯我独断主義は、カントの二律背反により封印されたにも関わらず、実存主義や唯物史観などのカモフラージュをして再生する。

★★か行★★

現代フランスの思想界において向かうところ敵なしであった実存主義者のサルトルを、一撃のもとに葬り去ったのが構造主義である。実存主義の中心存在は自己であり、その思考原点は自己で、三次元方向への延長のない点であり思考座標が不在である。実存主義者であると同時に唯物史観論者であったサルトルは、野蛮人であると見下していた、未開の人々の神話における象徴的認識能力の高さを、民族学者のストロースに「野生の思考」において指摘され、彼が確信し思想基盤としていた、現代人の絶対優生を論証出来ずに論破された。その後、ソシュールの提示した共時性の認識が実存主義には欠損していることが指摘され、実存主義と仰々しく名乗った個人主義は無用の長物となり、寂れた骨董屋の陳列棚の安価な珍品となってしまったのである。

構造主義とは、ソシュールの言語学やストロースの民族学などからのアプローチにより、独断論の実存主義や唯物史観などの横暴により、あまりにも極小化、硬直化し、利己主義化した世界観を、言語、民族、国家などの共時性や共存性をもった要素をもとに、世界の構造を多面的かつ複合的に捉えて、万国の共存共栄の道を探ろうという試みである。ウィトゲンシュタインは「世界は要素命題の真理関数である」と言ったが、その指向性は同じである。構造主義者の中には、いまだ旧態依然の独断主義者が擬態化している場合があるので、その思想基盤をしっかりと見極めなければ進展しない。

中世まで哲学は、神の永遠の時空の中に在り、神学と科学とが共存していた。そこでは、科学の論理的認識と神学の啓示的認識とが共存し、思考は縦横無尽に思考座標を駆け抜け、パスカルに「私は宇宙にとって塵にも満たない存在だが、私は宇宙を包むことが出来る」とまで言わしめた。だがその言葉の奥には、俳句のように要旨が秘められており、「わたしが神と共存しているが故に」が暗示されている。やがて神と決別した哲学では、自然哲学が科学とゆう独立した学問を樹立し、神学も同様に離別した。それ以降の哲学は、現代に至るまでの間に、思考座標は崩壊し独断論の袋小路に迷い込んだ。

自然を認識する場合、科学は三次元の空間軸に時間軸を加えた四次元の思考座標で、数学を駆使し自然の法則に至る。だがその自然認識は、事実認識であり価値認識ではない。つまり、人生は如何にあるべきか、あるいは社会と世界は如何にあるべきかなどの、人が生存する上で最重要課題である価値認識は、民族、社会、国家、気候、言語などの共時性、共存性を有する要素で思考座標を構築し、その座標で、価値命題を解析し価値認識を得ることが、これからの構造主義である。そしてその思考座標の原点は相対主義に至らぬために唯一神とし、幾多の座標間には互換性があり普遍的であるべきだが、それは決して原理主義や教条主義を意味するものではない。

◆幸福とは何か◆

＊幸福とは光である…………浜田　節子

人生の目的は「幸福」というに尽きる。努力する向こう、幸福があるらしいという望みを誰もが求め、信じている。幸福の確信が得られないのは、精進・努力が足りないからと自らを叱咤激励する。開かれるべき未来の展望、幸福は人生の旗印。平等で自由な喜びに溢れた束縛のない世界へ向かい、今日の艱難辛苦を耐えていく。幸福という願望の指標は、日常の不満を解消する。幸福とは、不足・不幸の想いからの脱出、克服だからである。

幸福だと自ら思うことによって幸福な人がいる。他人から見た不幸など問題ではなく、その人の心に幸福が宿れば、それが幸福である。求めている幸福に対して、幸福である自分を確信している人。幸福の定義は曖昧であり、固定した見解には異議がある。大きな幸福・小さな幸福・その都度感じ得る幸福、その体感・解釈の自由。過去に幸福を抱く人、未来に幸福を求める人、今が幸福だと思う人。幸福という抽象的な想いは日常生活の中でことさら公表されることは少ない。結婚式（ハレの日）を覗けば、強調されることのない幸福という概念。

「笑う角には福来る」・・幸福はその人の笑顔に象徴されるかもしれない。七福神のように神格化されていないけれど、福助・お福さんは見る者を癒す安らぎがある。幸福への期待は日常化された信仰の領域にあるかもしれない。

幸福の可能性を断ち切った自殺はあまりにも辛い。幸福は心身ともに健全な状態の中にあることが望ましいけれど、必ずしもその条件を満たすことなく幸福を感受することは出来る。完全に充ちているものが幸福であり、欠けている者が不幸なのではない。満ちれば欠ける月のごとく、人の運命も順風満帆とはいかない。ただ精神の在りように於いてのみ、マイナスの条件下にあっても「幸福」への希望を抱き続けることは可能である。

夢見る人というのではない。本当の幸福に向かって、自分を厳しく律する潔さと他人への公平な思いやりを持てる無私の精神こそが暗黙の幸福を約束するのではないか。人と比べる我が身の幸福には根拠がない。わたしがわたしとして、オンリーワンの花を咲かせる努力においてのみ、幸福は宿る。幸福とは、どの人の頭上にも輝く光であると信じたい。

◆固執とは何か◆

＊不合理で不便、それゆえ偉大なこと

……………鈴木 康央

「固執」という字を見ているだけで、何かしら窮屈な気がしてくる。「しがらみ」だとか「こだわり」とかいったものよりずっと強烈な粘着力を感じる。「頑固」と「執着」がくっついて「固執」になったのではないかしら。

ところで、固執は多分に不合理かつ不便であるように思える。合理的に考えれば納得できない、徒労としか思えないものが固執である。もっと便利な環境、道具などが揃っているにもかかわらず、それらを利用せずにいるのが固執である。

つまりはスマートとは程遠い、融通の利かない頑な態度とも言えるだろう。しかし私はこういう生き方、またそういう風に生きる人間を敬愛する。その理由は、それが合理と便利さばかりを追求する現代社会と正反対の方向を志しているからである。私は現代社会が目指している方向には同調し難く、実際違和感を覚えるからである。

偉人でなくとも、だいたい面白いと思える人間はたいてい何かに固執しているものである。発明発見するような人

★★か行★★

間は固執する人そのものだし、人を強く惹きつける芸術作品には必ずと言っていいほど、どこか固執した色なり音なり味があるものだ。

例として、私のお気に入りの「固執」をいくつか紹介させて頂く。

まず絵画。犬塚勉と礒江毅という二人の画家を御存知だろうか。いずれも若くして亡くなったが、共に「リアリズム絵画」と呼ばれる画法で、草原なら草の一本一本、動物なら体毛の一本一本、人の顔ならその細胞ひとつひとつまで精密に描きあげようと試みる一派である。

彼らの作品をひと目見たら、誰でも写真と見間違うだろう。それなら写真で撮ったほうが早いじゃないか、というのが現代的思考であり志向である。リアリズム絵画には写真では表せない、その画家の魂が作品の中で息している。だからこそ芸術と言えるのである。それにしてもこのこだわりようはコンクリートで固めたような「固執」ぶりである。ひょっとして、固執とは手間をかけることかもしれない。

音楽界では、ベートーヴェンの、いわゆる傑作の森と称される中期の名だたる作品群は、その殆んどが例の四つの音「タタタタン」をユニットとして構成されている。「凝り性」を練り固めて顔にしたようなベートーヴェンが、特にこの時期、この四つの音に固執した。しかしこの単純な4音のユニットから途方もなく雄渾な、そして情熱的な楽曲が何曲も生み出されたのである。これらはちょっとやそっとの「こだわり」ではとてもできない音の金字塔である。

合理主義と便利優先の体制に則って芸術なんて生まれるわけがない。時流に漂う人々から見れば、それは狂気としか思えぬほど固執した人間こそが創造者となり得る。そしてそういう人が最も人間らしく、この世で喜怒哀楽を享受できるのではないだろうか。

＊　固執とは生きる術である　…………　浜田　節子

固執とは自分自身の意見を強く主張し、譲歩しないことである。固執は誕生時から備わっている意識ではなく、自身が自身に成り得る過程において自覚に到る感情であれば、変化しうるものである。氏育ち、環境に育まれる自身の

★★か行★★

ポリシーと言い換えてもいいかもしれない。

曰く離れがたく抱く自身の思い、曲げることの出来ない基準は、時として優位に働くけれど時として傷つく原因にもなる。固執は元来目に見えないが、自己判断に基づく自衛本能、あるいは自己主張として表面化することがあり、言動の特異性によっては善にも悪にも変化しうるものである。

人は世界の中で生きているのであれば、政治・経済全ての動向に固執は反応する。集団としての固執は国を動かし、戦争に発展させる膨大なエネルギーさえ生み出す根源になる。多くの場合、生きる糧をより多く獲得するため、利潤の追求に執着する結果であれば、固執とは生き残るために譲れない主張なのだといえる。

固執とは強い欲求であり、勝負にも欠かすことのできない心理である。そのエネルギーが勝利を導き成長させる要であれば、秘かに抱き持つ勝つことへの固執は虚弱なものであってはならない。しかし、敗北による負のエネルギーが正義に保たれた固執を維持できないとき、平穏の壁は崩れ、固執の内容を変化させることも無いとは言えない。つまり、固執には状況において変化しうる性質があり、しかもその内実は見えず悟られることなく膨張強化して行く危険をも孕んでいる。

固執はその人間の品性にも深く関係している。正義や善の核心を損なってまで抱く固執には悪の影が付きまとう。固執には善悪の境界がないので、怨念・憎悪とも変形しうる要素を外すことができず、対象者を恐怖に陥れる内的エネルギーをも発揮する。

固執とは動かない硬質な感情であるにもかかわらず、一方で流動的な側面を持っている。真偽、善悪、美醜を複合的に併せ持つので、他者においてその在りようを断言することは困難である。静かに笑っている人の中にどんな固執を抱いているのかを知ることはできない。しかし、究極、自身を生きるために放し難い固執というものがあれば、それは生命への固執であり、それを守ることは権利であり、義務である。換言すれば、固執とは生きる術なのである。

◆言霊とは何か◆

…………鈴木　康央

＊言葉の気

実例1．花を育てるのに、水をやるにしても一々「早く大きくなってね」とか「きれいな花を咲かせてね」とか声をかけてやると、実際に成長が早まり、大輪を咲かせたという報告を何度か聞いた。

実例2．汚れた河川の水をいくつかのコップに入れ、二つのグループに分ける。片方のグループには「美」とか「善」とかプラスの意味の漢字を書いて貼り付け、他方のグループには「醜」とか「悪」とかマイナスの漢字を貼る。数日経って水質を調べると、二つのグループに明らかに相違が生じ、プラスグループはマイナスグループよりずっと水質が向上していたという。

1．に関しては有名な別の実験がある。即ち、花に音楽―モーツァルトが最適らしいが―を聞かせると成長が著しくよくなるという。ということは言葉の内容ではなく、音楽的に分析可能なもの、特定の音程やリズムなどがその要因とも考えられる。つまりは話し方、発音の仕方によるということ。どういう語調で話しかけたかが問題となる。

2．についてはその実験経過の証拠写真と実験データが記載されていた。これについて私は、それがもしひらがなかカタカナ、あるいはアルファベットで書かれていればどうだったのだろうかと思う。私は科学的証明がなされなくとも、そういうことは直観的にあり得ると考える人間である。しかしそれは漢字を代表とする表意文字ならではの現象であり、アルファベットなどの表音文字に対してはどうも疑問を払拭できない。逆に言うと、表意文字は字そのものが何かを表示し、意味する力があるのだから、そこにプラスアルファが備わっていても不思議には思えないのである。

さて、事実として言葉にそういう摩訶不思議な力が宿っているのか？　私は仮にそれを「言葉の気」と呼んでおこうと思う。それは何となく漂うもので、写真にもレントゲンにも、その他諸々のハイテク探査装置をもってしても捕らえられないもの。つまり実体ではなく実感として存在するものということになる。

そう考えるなら、有機体に限らずこの世のあらゆる物が、「気」によって呼応することもあり得るのではないか。植物レベルになると「意思」を持つという研究発表を耳目した人も多いと思う。ましてや人間同士の場合、我々の日常生活を振り返るだけで、対人関係においていかに「言葉の気」に依る所が大きいかわかろうというものだ。相手がいくら美辞麗句を並べ立てようが、大言壮語しようが、また卑下自慢しようが、5分も話していると、そういう人間の本性を感じ取ることができるものだ。それは正に「言葉の気」に触発されるからではないだろうか。

実例の科学的証明などどうでもよろしい。私は誰もが体験しているこういう「言葉の気」、この力を「言霊」と称して、有難く受け入れたく思う。

最後に川端康成が梶井基次郎について書いた文章から一部引用しておく。

「いい手紙を書く男というものは、相手の良心に触れて来るものである。それは書いた男の生活の感情を感じさせるばかりでなく、受け取った者の生活の感情を見抜く恐ろしい使者のように思われるからである」

＊　言霊とは神託によるレーマである…………山下　公生

言霊は二つの意味が合体している。すなわち、言葉と霊である。言葉とは、現実に人間が使用する意思伝達の媒体である。この言葉には、日常生活で使用する具象を指示する「サイン」として機能と、思想において現象を抽象した概念を「シンボル」として象徴する機能がある。さらには論理展開に使用する記号も言葉の部類に入る。そして霊とは、人間の五感で捉えることのできない、異次元の世界を感知する能力である。この異界は五感を超えているので、帰納法不可により演繹命題の検証破綻となり、演繹命題の真偽の結論は二律背反になり、論理的思考展開が不可能となる。当然、論理的に構築された科学は、その領域を超えているので、異界の科学的な真偽検証、及び実態把握は不可能である。そこで認知の手がかりとなるのが霊となる。つまり言霊とは、異界の世界を現実の言葉で、翻訳するものであると要約することができる。

日本の言霊の始まりは、古代インド哲学のヴェーダのサンヒターのマントラであり、漢訳で真言とされる。マントラは、唱えることで宇宙の源であるブラフマンへ働きかけ、アートマンとの梵我一如の最高境地へと導く呪文である。マントラは、ヨーガの行と相携える修行両輪の一つである。その後、マントラは仏教に導入されて、密教の誕生に大きな役割を果たした。密教で真言を唱えることは、曼荼羅の仏と交信することあり、その最高境地が即身成仏である。インド発のマントラは、中国哲学の易経と合流し、風水の呪文・陰陽の占術となり、日本へ伝授されて日本神道の言霊誕生の発芽的役割を宿した。

東洋文化の最終伝達地である日本の民族宗教である神道は、多様な東洋文化を集合的に吸収して儀礼化形成された。神道における言霊は、その最大の要素が言葉に宿る神秘なる力を意味する祝詞である。これは、良き言葉は邪念を祓う言霊であるとされる祝詞は、神道の最大関心事である「罪穢れを祓い清めたてまつる」言霊であるとされる。その基本は古事記歴代の神々を唱えることである。「神祇伯家秘伝　古神咒」においての祝詞は、「と・ほ・かみ・えみ・ため」で、「と」は水・「ほ」は火・「かみ」は木・「えみ」は金・「ため」は土をそれぞれ意味し、中国の易経の五行説と陰陽道の呪術・占術がその形成要因と思われる。また、「やまとことば」の五十音にもそれぞれの言霊が込められているとされる。東洋的森羅万象は、汎神論的八百万の神が支配するが、神というより万物に宿る精霊を意味する。普遍的唯一神とは、森羅万象の精霊さえ創造した唯一無双の存在である。言霊は、多様な精霊に関わり呪術的働きをするか、唯一神に仕え祈りによる神託的儀式の役割を果たすかにより、その存在理由が分かれる。

はじめに「御ことば」在り。「御ことば」は、神と共にあり。「御ことば」は神なりき。これは、聖書の一節である。宇宙の始まりは、神が「光あれ」と、「御ことば」を発せられると、ビックバーンにより光が生まれ、その後、神は森羅万象を創造された。そして、最後に人を土で造られ、神は息（霊）を注ぎ、人は命を賜った。その「御ことば」を預言者たちは、幾世代も人の言葉としてヘブライ語で翻訳し旧約聖書として書き留めた。そしてついに預言通り、神の「御ことば」は、御子キリスト降誕により、神自らが「御ことば」を発し「レーマ」となる。その「御ことば」は、新約聖書として編集され、はじめはギリシャ語、さらにラテン語、そして、世界中の言葉で翻訳され、神の「御ことば」である「レーマ」として世界へ伝授され証された。この「御ことば」とは、ギリシャ語で象徴的啓示の「ロゴス」であり、「御ことば」が、実現し実証される「レーマ」である。この「レーマ」に最も近い日本語が言霊である。言霊は祈りにより神へ向かい、神託による「レーマ」として成就する。

さ行

◆ 時間とは何か ◆

＊ 時間とは絶対基準である

…………… 前川 幸士

「時間」とは、認識の基礎であり秩序である。不可逆的方向を持ち、前後に無限に続く客観的基準である。通常は、時刻によって人為的に刻まれ、ある時刻と時刻との間として意識される。かつて自然の周期現象で時間を意識してきた人間は、やがて時計の発明によって主体的に時間を意識できるようになった。

「時計の針㈵と㈵とに来るときするどく君をおもひつめにき」は、『桐の花』にみえる北原白秋の短歌であるが、近代になって時計というものを詠んだ最も初期の短歌ではないだろうか。この『桐の花』は、旧来の和歌が扱うことのなかった西洋の文物や都市生活の日常など、新しい詩語の領域を開拓し、近代青年の倦怠感を耽美的に謳いあげた近代短歌史における記念碑的な歌集である。中でも、この短歌は「時計の針」「㈵」という新しい詩語によって、「君」と作者との絶対感を視覚的に表現しているが、そこには追い詰められたような緊張感が感じられる。歌集『桐の花』は、序文からして、近代人の繊細な感覚と微妙な神経をクリアに表現している。

明治末年、28歳の北原白秋は、前年に原宿に転居したときに隣家の人妻松下俊子と知り合い熱烈な恋愛をする。しかし、別居中であったその夫に姦通罪で告訴され、市ケ谷の未決監に収監された。事件は幸いなことに、1カ月後に無罪釈放となったが、その間、北原白秋はかなり苦しんだ。一時は発狂寸前まで追いこまれた。ここで詠まれたのが『桐の花』の哀傷短歌群である。「罪びとソフィーに贈る／『三八七』番」という俊子の愛称と自身の囚人番号による献辞を添え、勾留中の烈しい思いが、切実な抒情のリズムとして表出している。

「時計の針㈵と㈵とに来るとき」とは、どのような「とき」であろうか、真夜中の午前1時5分に、時計の針を見つめながら、隣家の俊子のことを「するどくおもひつめ」ているのであろうか、俊子が夫に虐待されている様子を思い浮かべて緊張しているのであろうか、そのような想像をしながら、この短歌を鑑賞してみた。

★★さ行★★

しかし、「哀傷篇」が勾留中の歌であるとすれば、これは監房で時計の針を睨みながらの歌と考えられる。監房に時計があるのか、壁を睨みながら時計の音を聞いていたのではないかなどと具体的なところで疑問があるものの、「㈵と㈵とに」とは、1時5分ではなく、時計あるいは時計の針が、時の流れを刻むことではないだろうか。毎秒ごとに彼女のことをさまざまに思い起こす、その思いが「するどく君をおもひつめにき」という表現に結び付いているのではないだろうか。時間という絶対基準は、北原白秋にも「君」である彼女にも同じように流れているのである。これだけは、何人にも引き離すことができないものである。

ニュートンのいう絶対時間は、何物とも無関係に一様に流れている超経験的なものである。全ての慣性系に対して絶対時間は共通する。ただし、これはアインシュタインの相対性理論が登場する以前のことである。時計を発明し実用化したことによって、人間はこの時間を主体的・積極的に認識することができたのである。しかし、これは実際には絶対的な基準ではない。常に一定の速さで過ぎるものとして時間を把握することはできない。天体の周期運動、振り子の揺れ、水晶子の振動、電磁波の振動等の周期現象を他の現象と比較しているに過ぎない。現在に至るも、時計とは、絶対的な時間そのものを計測しているわけではないのである。

しかし、北原白秋のこの歌は、近代的感覚によって時間を捉えたものであり、時間というものを哲学的に考察した文学であることは間違いない。他にも『桐の花』には、トロムボーン、露西亜煙草、硝子杯、ハモニカなどが登場する。そのどれもが北原白秋の清新な感性によって深く吟味され詩語として歌に詠み込まれているが、中でも、時計の針の歌は秀逸である。

＊ 人間にとって時間は、科学的宇宙の時間と、啓示上学的時間とが交差して存在する ……………… 山下　公生

宇宙の始まりがビッグバンならば、宇宙の時間の始まりは、一三七億年前とゆうことになる。そして時間の尺度は、光によって計られる。物質の世界の時間であれば、これで時間に対する定義は簡潔に終了する。

★★さ行★★

だか、人間の存在に焦点を当てて時間を定義する場合には、宇宙の時間は、あまりにも広大過ぎて意味をなさない。例えば、地球が誕生して現在までの時間の四六億年を一年に縮小してその長さを考えてみると、人間の存在の始まりは、十二月三十一日の最後の数時間であり、我々が歴史とする時間は、十二月三十一日の十一時五十九分から最後の数十秒に過ぎないのである。さらに、人生を語る場合、一秒にも満たない長さの話なのである。

にもかかわらず、我々人間は、歴史を短いとも、自分の人生を一瞬の長さとは、とても感じることができない。それは、人間が別々の尺度の時間軸を使用しているからである。その多様な尺度の時間軸により、宇宙の広大な無味乾燥な時間は、存在意義を得るのである。

そして、多様な時間軸により、五分のカップラーメンが、三分のカップラーメンより、とても長く感じられたり、秋のはかない虫の一生を考えることにより、人間の一生がとても長く思える。また逆に樹齢数百年の桜を見ると、人生がとてもはかなく思えたりする。あるいは、百分の一秒のスピードスケートの世界の時間の差は、マラソンでは意味をなさない。

以上の例は、人間が広大な宇宙時間を尺度変換して、その長さの基準を変えたに過ぎないのだが、時間は、単純に長ければ意味があるとゆう訳ではない。一年で生を終える虫や草花の時間はいったい、どんな意味を持つのか。あるいは、何故、樹齢数百年の桜より人の短い一生に価値があるのか。これらは、単に時間の長さだけで、その意味を認識することができないのである。

これが形而上学的時間の存在を暗示しているといえる。宇宙の時間軸は過去から未来へと一方向へと流れ、現在の科学では、その不可逆性が常識とされている。ところが、形而上学的時間は未来から過去へと戻って、意味ある時間軸を形成する。すなわち、歴史の存在などはまさに、その例である。人間は現在から過去へと時間軸をさかのぼり、現在の時間の意味を知ることができる。さらに人間の未来の展望を開くこともできる。また、人生においても、過去の経験を現在に生かし、未来の目漂を定めたりするのである。形而上学的時間の特徴の一つとして、その方向の可逆性があげられるようである。

形而上学的時間のもうひとつの性質は、時間の経過は一定ではなく、その出来事の価値により、時間の存在の意味が変化することである。価値ある時間とは、一般に中身の濃い時間とゆう言い方をされることが多い。ただ、何もせず一時間過ごすのと、何かに没頭して過ごす時間とでは、時間の価値が違う。よく言われる「時は金なり」の言葉がそのニュアンスを表しているようである。

また偉業を為し、若くして亡くなった天才と、刑務所で長寿を全うした終身刑の罪人の一生とは、どちらが価値のある一生かと問えば、多くの人は、軍杯を天才にあげることだろう。これらは、時間が中身、あるいは意味を持つ啓示上学的時間の存在の例である。

もちろん、人間は宇宙の広大な時間の一端に存在することは紛れもない事実なのだが、その存在において、啓示上学的時間が存在しないと、人間は、存在理由を失ってしまうのである。つまり、人間にとって時間は、科学的宇宙の時間と、啓示上学的時間とが交差して存在するのである。

この、科学的宇宙の時間と、啓示上学的時間とを同時に支配している存在は、時間を超越した存在であろう。その存在をとうして、我々人間は、時間の交差点に存在することが可能となるのである。

時間は、空間と表裏一体で自立して存在せず、また啓示上学的時間とも密接に関わっているが、時間の存在を追求するとおのずと、すべての創造主である神を抜きにして考えるのが、とても困難となるのである。

◆市場とは何か◆

＊流通の中心、心臓のような所

…………… 鈴木　康央

「市場」を「いちば」と読むか「しじょう」と読むかで、その意味内容もかなり違ってくる。思うにその起源は「いちば」であって、経済が組織化され発達していくにつれて「しじょう」が生じたのであろう。ここでは本来の「いちば」を中心として考えてみたい。

「市場」は定期的に多くの売り手と買い手がひと所に集まって商いをする場所として始まった。その日程に応じて「四日市」や「十日市」などと呼ばれ、そのまま地名になっている所もある。

「市場」とはこのように商いの場だったのだが、単に物品や金が交換されるだけの所ではない。当然そこでは商談が交わされ、また各地の様々な情報も交換された。つまり人と人との交流の場であったのであり、そこにこそ大きな意義があったのだろう。

日本では関西、特に大阪が古くから商業の中心地として栄えてきたわけだが、それはけっして地理的な利によるものだけではあるまい。大阪人の「話し好き」によるところが非常に大きい、と私は思っている。大阪人が買い物をする際に「値切る」のは、ただ本当に一円でも安く買いたいがためばかりではない。売り手も同様、商品を媒介としてそこでなされる会話を楽しむことが主であると言っても過言ではない。会話を楽しむということは人生を楽しむことである。人生を楽しむということは人と人との出会いの縁を重視するということである。そういう縁が結び結ばれ拡がって町となり街となり、それが文化を生み出す土壌となるのである。実際現代でも、大阪の商店街は他の地と比べて、各店舗の寄り集まり以上の強い連帯感があるように感じられる。

さて、そういう商いの場を一言で形容するならば、それは「流れ」であろう。物品の流れ、言葉の交換、そして何より人々の流れである。即ち「市場」とは流れ、流通の中心地と言うことができるだろう。

流れの中心というと、心臓を連想する。からだ中から血液が集合し、またそこからからだ中へ拡散していく中心。血液を人や物品や情報に置き換えると、市場とはまさに心臓の役割を果たしている所であることがわかる。

心臓が止まれば脳の活動も停止する。しかし脳が死んでも心臓が活動を続けることは有り得る、いわゆる脳死状態。これに譬えるなら、市場の流通が止まれば行政もストップしてしまう。が、行政が崩壊しても市場が活動し続けることは可能であろう。

要は滞らないことである。このことは市場に限らず、万物に関して言えるような気がする。人の体内の血液、気の循環も然り、人と人との付き合いも、国と国との交流も然りである。流れが滞るとそこに淀ができる。淀は腐敗を招き、病気や災害、堕落をもたらす。常にダイナミックであることが肝要であるということだ。

さらに敷衍すると、西洋人もようやく気づき始めたようだが、この「循環する流れ」という概念で物事を見る見方が、21世紀の基本的目線となるであろうと思う。前世紀までは直線的な因果律、即ち原因と結果の探究に夢中になりすぎたきらいがある。そのため科学のある一面は飛躍的に進歩したけれども、一見無駄に見えるが実は大切なものを切り捨ててきたり、悪人さがしに躍起になったり、妄想的ゴールに向かって馬車馬の如く疾走してきたように思える。直線から円環へと見方を変えることで、命も循環していることに気がつく筈である。

＊ 市場とは生活そのものである

…………浜田　節子

市場・・・マーケット、売り手と買い手、双方が注文を出し、売りと買いの価が合ったときに売買が成立するという仕組み。

市場には行かないから無関係・・・市場なんて生活には何の関係もない。

そう思っているのは思い込みに過ぎず、市場は生活に密接にかかわっている。生活の基本、世界の指標なのである。

その昔、人は必要なものを求め、作ったけれど、それだけでは足りず、必要なものを求めるために物々交換という市場を生んだ。やがて時代を経て、社会は発展し、何時しかそれぞれの役割分担がそれとなく定着。

人は生きるための糧を求める。需要と供給の関係、バランス、接点はぎりぎりの和解点であり、その値を示すことが市場の働き、目的である。ただ人は、供給物資との正当な関係を保っているわけではないので、現象として貧富、あるいは損得が生じてしまう。

人は常に抱くべき上昇志向を持っている。故に、物のやり取り（取引）の損益に関して、人は敏感にならざるをえない。市場は生きるための戦場であり、世の中、世界を映す鏡である。需給のバランス、売りが多いと下がり、買いが多いと上がるという、ごく単純な仕組みの中を世界中の人が生きている。

市場の価値・・・それはその領域に生きる人すべての財産である。下がれば困窮、破綻の危機を常に孕んでいるし、上がれば、豊かな生活を保障されるというわけである。市場には単に生産物を供給するというものもあるけれど、本質的には相対的な構造を成していて、売りと買いによるせめぎあいが世界を席巻している。つまり、時代（環境、発展、世界観）によって、価値というものが動くという事実の上に人は暮らしている。個人的には私有財産における価値の変動を考えれば肯ける話である。この市場が生死を分けていればこそ、世界中の人がこの市場を見ている。眼を話せないのである。

市場は物を売って買うというシンプルな形態から、いまや先物、信用取引、ヘッジ売りと明日を見据え、明日を予測する時代になっている。全て損を回避したい（儲けたい）という考えから来ているけれど必ずしもそうはならず、世界は揺れている。円高日本の混迷・・・輸出貿易に頼っている日本を震撼とさせている。自給率の低下、資源の不足・・・円高差益還元に沸くセール、一寸嬉しいけど全体から見るとささやかなもの・・・日本の社会全体が疲弊する円高を何とか止める手立てを早急に考えないで、どうする！　市場というのは、生活者の生活がかかっている。

需給のギャップ・・・リーマンの破綻は世界中を震え上がらせたけれど、回復途上と見えた昨今、二番底を想定する声が高い。市場の数値が世界の膨大な富を消してしまうのである。ニュースの終わりに提示されるあの数値が世界の今日を伝えている。市場は、生活そのものなのである。

◆実存主義とは何か◆

＊　実存主義とは西欧近代の再出発である……………前川　幸士

実存主義とはフランス語の“existentialisme”の訳語である。サルトルによって定義付けられた元のフランス語は、人間の実存を哲学の中心におく思想的立場で、ニーチェ、キルケゴールから、ドイツのハイデッガーやヤスパース、フランスのサルトルやマルセルらがこの哲学の系譜に繋がるという。ただし、これらの哲学者には、共通する特徴的な傾向はあるものの、それぞれに個別的主体的主張が異なることが、この哲学の述語の理解を困難にしている。戦後にフランスで盛んになった思潮を源流として、無に直面する人間を見つめ、自己にとって唯一確実な存在である肉体を中心として、世界を定着させようとする思想態度であるといったところが、その共通箇所といったところである。

この実存主義の思潮は、戦後の荒廃したヨーロッパ世界を背景に、超越した存在としての神を否定し、個人の人間としての存在を中心としたことに始まるが、近代以前にも、例えば、イデア論を構想したプラトンを批判的に継承したアリストテレスの思想等がある。そして、福永光司著『荘子』（１９６４年）は、副題に「古代中国の実存主義」とあるように、実存主義の思潮を荘周の思想に認めるもので、古代中国に西欧式の近代思惟が存在したことを示している。

古代中国に生きた荘周は、世界や人間の不条理をキリスト教的原罪によるものとせず現実的に現在を重要とする。ニーチェは「すべての神々は死んだ」としたが、古代中国には最初から神は存在しない。古代中国における「天」は自然法則に他ならない。「無」や「虚無」がニヒリズム"Nihilismus"の思想で重要な位置を占めているが、「無用之用」は老荘思想の根幹でもある。

また、実存哲学では19世紀以降の機械文明の発達や科学技術の進歩は人間を機械に隷属させ主体性を失わせたとするが、『荘子』「天地篇」には「有機械者必有機事有機事者必有機心」とあり、機械を使うと必ず機械に依存する仕事が増えて機械に頼らなければならなくなり健康的な人生の営みを損ねるとしている。

実存哲学の依拠するのが個人の実在であり主訴は人間の自由であるが、荘周の著作『荘子』の開巻部が「逍遥遊」と題されている。「逍遥遊」とは人間の自由な生活を意味する。また、『荘子』「秋水編」には仕官を断る時に「寧其生而曳尾於塗中乎」と、亀は神亀として甲羅を祀られるよりも生きて泥の中を這うことを望むことを寓意として示したとある。

西欧式近代科学は、抽象的分析、論理的思考によって生み出されたのに対して、中国的思考は、分析的であるよりも全一的、抽象的であるよりも具体的、論理的法則的であるよりも直観的体験的であるとされる。このような中国的

★★さ行★★

思考は、自然科学の発達を困難にし、技術文明の進歩に飛躍的な成果を期待し難いというのが、アジアを植民地化した西欧の主張でもある。しかし、『荘子』「応帝王篇」には「混沌」の寓話がある。眼も耳も鼻も口もない混沌に七つの孔をあけたところ、混沌は死んでしまったというエピソードが記されている。この寓話では、作為と分別が真の実在つまり一切存在の溌剌とした自然の営みを害し死滅させる愚かさが諷刺されている。荘周は人間やその人生を一つの混沌つまりカオスとして把握し、細分化して分析することで全体を見失うことを避けようとしている。一切を本来ひとつであると考えることで、差別性ではなく同一性を、対立ではなく調和を、局所ではなく全体をみようとするところに、その哲学の特徴がある。

西欧の近代と科学文明が、世界大戦による荒廃を招いた時、従来の哲学の伝統の否定の上に立ち、従来の合理的な哲学が主観と客観を区別し、そのいずれかを本源的としてきたことを否定し、主観と客観の統一した存在を実存とした世界観が実存主義である。実存主義とは西欧近代の再出発であり現代の始まりである。しかし、古代中国にも同じ哲学が実在したことも忘れてはならない。

＊　実存主義とは世界と断絶した自閉症のつぶやきである　…………山下　公生

実存主義とは、造語でありこの不可解な造語ゆえ、その思想が一見深遠で高尚な印象を与えているに過ぎない。実存主義を平易な言葉で表現すれば、「現実に存在するものとは何か」という問いに対し、その答えが「存在する唯一の根拠とは自己である」という自己問答の現実の「実」と、存在の「存」を合体して作られた「実存」という造語で、その実存に主義をつけ、「私は実存を唯一確信する」という、稚拙で未完の主観哲学である。この自己問答主義は、普遍的なものを絶えず探求してきた西洋哲学の伝統から大きく軌道を外し、その思想は仏陀の釈迦族王子時代の混迷期に接近する。仏陀は出家後、厳しい修行によって菩提樹の下で自己を極め、法を悟ることにより、世界と断絶することなく、自己を肥大化させることもなく、仏教とゆう最高峰の東洋哲学を完成させたが、現代西洋哲学の実存主義は、世界と断絶し、肥大化した自己意識は、いまだ混迷状態にある。

★★さ行★★

実存主義の始まりは、デカルトの「われ思う故にわれ在り」であり、存在の根拠を神の存在ではなく、自己の思考を起点にしたことに起因する。つまりは、無神論の始まりである。神の存在を信じたパスカルは思考の偉大さを認めつつも、神の存在を見失った人間の惨めさを「人間は思考で宇宙を包める偉大な存在であると同時に、人間は自然の中でもっとも弱い一本の葦だ」と言った。中世において、あまりにも神の存在が過大視され、人間の存在が軽視された反動で無神論が誕生したが極論過ぎた感がある。神が存在の唯一の根拠であるにもかかわらず、キリスト教の神は、人間の存在を自分の存在と同じぐらい大切に扱う。そういう意味で、中世のキリスト教は、理神論、あるいは教条主義となり、信仰や啓示が多少希薄となり、その隙間に無神論とゆう雑草の芽が生じたのであろう。しかし、現代ではキリスト教は見事に回復して活性化し、逆に無神論の実存主義は瀕死の状態で、すでに時代遅れの感が否めない。

実存主義は無神論であると断言しても、神の存在を信じる実存主義者であるキリゲゴールやマルセルもいるので、十把一絡げに論ずることは出来ないので、実存主義の本流の無神論実存主義であるニイチェ、ハイデッカー、サルトルの実存主義を中心に考察してみたい。

まず実存主義の共通認識は、存在の根拠が自己であることである。だがその自己とは、本当に存在の根拠といえるのか。自己は普段普通に吸っている空気が無くなれば数分以内で死亡し、水も一週間も切らしたら生命の危機に陥る。また食物も社会システムに依存して摂取しないと餓死する。要するに自己は何一つ自立しておらず、見えない恩恵に依存している。このことを仏教では冥加といい「在り難きこと」だと感謝し、キリスト教では神の恩寵に感謝する。つまり、自分は生きているというより、見えない存在に生かされていることが自己存在の実態なのである。自分が存在の根拠などとは、何と不遜で驕った考えであろう。ニイチェの唱えた超人とは、自意識過剰で自他共存ができず、他者に依存する者の虚勢の雄叫びに過ぎない。世界と断絶し自己中心の世界観に生きるサルトルは、自由が「当然在る」ことを前提に考察するが、自己の自由が「在り難き」冥加であることの認識と洞察が欠落しているのである。さらに彼は自己中心の思考に縛られて現実を動かしている形而上の因果律を理解できずに不条理に嘔吐するが、何と非哲学的思考なのだろうか。ハイデッカーは、世界を一方的に自分本位に解釈したが、それは普遍的価値がなく無意味であった。世界観は自分勝手に想定するものではなく、現存する世界を構築している構造を明らかにして、それを動かしている因果律を探求することこそ本質であるといえる。つまり、実存主義とは、神の存在を否定して自らを神と誤認し、世界と断絶した自閉症のつぶやきである。

◆自由とは何か◆

＊真の自分を知ること……………鈴木　康央

実際に体験したこともなく、書物の体験だけで述べるのは忸怩たる思いだが、私は「自由」という境地を禅から考えてみようと思う。野狐禅と言われそうだが。

周知の通り、禅の修業で雲水たちは連日連夜過酷なまでの日課をこなしていく。言われたことは着実に実行する。そこには個人の恣意など一切受け入れられる余地がない。桎梏の世界に身を投じて、行住坐臥、刻苦精励するのである。朝まだ暗いうちから起きて掃除をし、禅を組む。洗面は盥一杯の水ですべて片づけ、トイレに入る前にも一々三拝したり指を鳴らしたりする。食事中は沢庵を噛む音も立てることが許されず、一杯のお茶で茶碗をきれいに飲みほさねばならない。

全く自由のない日常生活である。しかしその中で彼らは生きている。どんなにきつい作務でも、何とかがまんしてこなしている。馬鹿らしい、と思ってるかもしれないが（きっとそう思う瞬間が幾度もあるだろうと思うのだが）、それでもがまんして生きている。

さらに公案という研究課題を出され、ずっとその答えを考え続ける。「片手で柏手を打ってみよ」とか「お前の持っている団扇は色か空か」とか「動くのは旗か風か」とかいった難問である。よくよく考えて老師の前で答えを発表すると、たちまち「喝」のひと声で追い返され、また何日も考え続ける。これをくり返してついに正解得たりと勇んで行くと、杖で一撃くらったりする。それでも何とかがまんして生きている。

何のために？　何のために毎日毎日無理難題と取り組むのか。愚直なまでに従順であるということは、そこには一切自由がないということである。自由のない世界でどうして生きていけるのか。

さて、ここからは私の勝手な推測でしかないのだが、このようにあらゆる拘束を甘受した日々の中、ある日ある時唐突に、どうしてもその拘束が受け入れられない瞬間が来るのではないだろうか。何でも言われた通りのことをやってきたけれども、どうしてもこれだけはがまんできないと感じた時、その時こそ彼は拘束を打破して真の自由になるのではないだろうか。まさに彼自身、他からは絶対に揺るがせられない確固たる自分というものを感得した瞬間、真の自由を把んだ瞬間となるのではないだろうか。と同時に、こだわりから解放されて、公案の答えも見えてくるのではなかろうか。

これが「悟り」であるなどと言うと牽強付会、それこそ杖で数回叩かれそうであるが、雲水たちが「悟り」を求めて苦行する姿を見ていると、ついこんなことを考えてしまう。少なくとも彼らが考える「自由」という言葉は、我々一般人が日常口にするそれとは全く重みが違うであろう。彼らのは完璧なまでの不自由の中に身を置いて初めて得られる「自由」なのだから。

というわけで、非常に偏った視点から見た考察であるが、私は自由とは「真の自分を知ること」としたい。あらゆる桎梏、こだわりを捨てて、裸の自分が見えることである。

◆宗教とは何か◆

＊教義と儀式と組織　…………鈴木　康央

まず信仰とは何かを考えると、それは一神教であれ多神教であれ、神が人間を創造したという概念（人類も森羅万象の一事象であるという見解も含めて）を受け入れることである。そしてこれはあくまで個人的なものである。

★★さ行★★

一方、宗教は人間が作り上げたものである。「教義」を土台に「儀式」の柱を立て、「組織」の壁で覆った建築物である。従って個人的な宗教などありえない。結局、信仰はア・プリオリなもので宗教はア・ポステリオリなものと言えそうだし、別の観点から見ると、信仰は求心的で宗教は遠心的とも言えるだろう。

宗教における「教義」、これこそ信仰と宗教との紐帯となるもので、信仰（心）なくして教義は成立しない。イエスなり釈迦なりマホメットなり中山みきなり、誰であれその人物を通して神の存在を確信した時、その教えなり言動を基に成文化したもの、それが「教義」である。だから個人が勝手に、例えば流れ星を見て何かを悟って神を感知したとしても、それは「信仰」にはなるが「教義」にはならない。

「儀式」は柱、対をなして成立するもの。即ち複数の人間、集団が同一方向を向いて思いを一つに束ねるための道具手段である。これなくして集団としての結束は成り立たない。ゆえに大世帯になればなるほど柱の数も増えて、色々と制約や規約も厳しくなってくる。

三つ目の「組織」は言葉通り、団体を構成して有機的に活動するものの意味で、企業や学校や軍隊など、およそこの世で生産的な活動をするものの殆んどが何かの組織に属している。宗教はその「組織」も一つの要素に入れてできたもの。即ち極めて人間社会と密着するものとなっている。が一方で、いわゆる俗世間との隔壁としても用いられる。

以上、これら三つの要素があって宗教が成立するのであって、どれか一つを欠いてもそれは宗教とはならない。逆に言うと、この三つが揃えば宗教として成立するのである。例を出すまでもなく「～教」と称する宗教団体は、それこそ世界中にはあまたあるだろう。

さて私が懸念するのは、「教義」である。はたして今ある宗教団体のうち、一体どれほどがしっかりした「教義」を礎にしているか、ということである。先述の通り、教義は信仰あってこそのものなのだが、現代人に本当に信仰心があるのか。いや新興宗教の教祖と名乗る御仁たちそのものに確固たる信仰があるのか？？　言うまでもなく「信仰」と「信念」は別物。「信念」が「教義」に代用できるのならば、北朝鮮もアメリカもロシアも中国も巨大宗教団体とする見方も許されるだろう。さらにはマフィアやヤクザとの境界もあやふやになってしまう。

というわけで、現代の宗教における第一の問題は「教義」にあると思う。「教義」さえ確かであれば、ということは「信仰」さえしっかりしていればということであり、畢竟私個人としては宗教など不要という結論に達する。現況の宗教団体のあり方を天から見下ろして、慚愧に耐えなく思っている人こそイエスや釈迦ではあるまいか。

ちなみに、掃除機や洗濯機を備えた禅寺は、もはや禅寺ではありません。

＊ 宗教とは個人の幸福と人類繁栄のための必須基盤である …………山下　公生

我が国において宗教を信じる自由は憲法で保障されており、権力が特定の宗教の強要をすることや迫害をすることを禁じている。そこで、宗教団体は茸の如く増え続け、何と20万以上の宗教団体が存立し、その信徒数は2億人を超えている。これは一人が複数の宗教を信じるという、あり得ない現実を示しており、一言でいえば疑似宗教大国といえる。よって、宗教といえば胡散臭いものであると敬遠されている。それは、宗教擬きしか知らないが故の必然的帰結であり、宗教は戦争の原因であるとか、現実から目を反らす麻薬であるなどと不可解な定義をし、本物の宗教の醍醐味を体験することなく、その代用品で陽炎の如き生涯を過ごす。外国では無宗教者は、人生に確固たる価値基準を持たない者と見なされ不信感を持たれている。

では本物の宗教とは何かと問えば、歴史の風雪に絶え生き抜いてきた伝統宗教こそ本物の証しといえる。代表的な伝統宗教の信者を世界人口の割合で示せば、全体の7割以上を占め、キリスト教 33.4％、イスラム教 22.2％、ヒンズー教 13.5％、仏教 5.7％で、無宗教といえる神仏を否定する無神論者は僅か 2.2％に過ぎない。これらの代表的伝統宗教は、相対主義価値観に対峙する絶対主義価値観を保持し、その根拠的存在である神や仏との信仰生活を確立している。

人間は地球で食物連鎖の頂点に在るが、それに至り、またそれを支えているのは、科学技術や政治経済理論等の実利的学問に代表される学問総称の進歩とその応用成果の実践によるものである。だが、それは他の生物に対する戦略的効果を示すものであり、人類にとって学問は諸刃の剣であり、その活用如何により人類繁栄の礎となったり、人類の破滅を招く凶器となったりする。たとえば、原子力は、原子力発電に活用すればエネルギーを生み出し経済発展の礎となるが、兵器の原爆になれば人類滅亡の道具となる。つまり、学問そのものは、行使選択能力を備えておらず、その方向性を決断し舵を取るのは、思想や哲学である。しかし、ウィトゲンシュタインは言った。「哲学は語りうるものは明晰に語らなければならないが、語りえないものは沈黙しなければならない」と。この語りえないものとは、カントの言う二律背反に至る形而上の世界を指し、現代風に言えば、科学認識の領域を超えた世界であり、「死語の世界は存在するか否か」とか、「神・仏・霊は存在するか否か」などの命題を意味する。学問の実利成果の行使判断は、形而下の思考領域と形而上の悟りとの相互共有認識により決定され、形而上の世界を担当するのが宗教の役割である。たとえば医療の進歩に伴い、尊厳死や安楽死の是非の問題が発生するが、その最終判断は医療知識とは別のものであり、結論に至るには、医療知識をもとにした哲学と宗教との共有認識が不可欠となる。

本物の伝統宗教には、黄金律が存在し絶対的な善悪判断の根源を生み出している。この伝統宗教すべてに内在する黄金律を要約すれば、「殺すな」「盗むな」「欺くな」「姦淫するな」などである。これらの戒律を否定する宗教は無価値であり、存在価値のない犯罪の温床となる疑似宗教であり、宗教とは別の存在であることを明確に認識しなければならない。法津や警察の存在理由は正義の現実的維持にあるが、黄金律の認識のない者に「何故、殺人は悪か」と問えば、「法律を犯し警察に捕まり罰を受けるから」と即答するが、では「法律が許せば悪ではないのか」と問えば困惑し返答できない。つまり宗教には、根源的な善悪判断を養う役割がある。

人生は生死の表裏一体の真実を宗教により悟り謳歌しなければ、究極的に幸福になれない。また、形而下の功利的学問は、形而上を担う宗教の霊的導きがなければ、人類繁栄の礎とはならない。つまり、宗教とは個人の幸福と人類繁栄のための必須基盤である。

◆進化とは何か◆

……………鈴木　康央

＊ひとつの適応機制

進化とは一つの適応機制であって、「進」という字がはたして適切かどうか。必ずしもプラス、良なる方へ向かうとは限らないのでは？

身体の一部のみ進化した場合など、全身としては幾分不具合が生じることもある。例えばキリンの首。あれだけ長く伸びたには食糧の獲得や敵の発見には役立つだろうけれども、反面はるか高い位置にある脳にまで血液を送るためにかなりの高血圧、心臓への負担が大きくなってしまった。

我々人類だって、直立したおかげで手が使え脳が発達したわけだけれども、全身のバランスとして腰への負担が大きくなり、腰痛に悩まされている現代人が大勢いる。

自らの肉体の変化でさえ利点もあれば不都合な面も出てくるのだから、身の回りの物の「進化」は、殊に人間の意識の下に作られるものは、一部の人間のプラスが他の人間にとってマイナスとなることも充分ありうる。

武器の進化を例に出すまでもなく、様々な道具、科学技術の進化がもたらしたものを冷静に考え直してみるといい。道具の範囲ではまだプラスの面の方が勝るように思えるが、科学技術となるとその華やかな便利さに幻惑されて、その影に魔物のように潜むマイナス副作用については気づかないことが多いのでは。あるいは敢えて無視しようとしているのでは。さらには企業などが政治家と結託して無理矢理気づかせないようにコントロールしているのでは。

技術が進化するとそれに付随して環境も変化する。環境が変化するとそれに伴い生命体も変化せざるを得なくなる。それができないと様々な病状となって表れることになる。アトピーなどその一例であろう。

時に学者や芸術家などのインテリ層の人が「ゾウリムシになりたい」だとか「植物になりたい」などと言い出すことがある。いや、我々一般人だってそんな風に思ったこと一度や二度はあるだろう。こうしたいわゆる退行願望というのも、ひょっとしたら進化の不具合に対する無意識の防衛機制なのかもしれない。つまりこのまま進化する未来図に対する恐怖を心奥で、あるいはからだの細胞が感じ取っているということではなかろうか。

では、どうしたらいいのか？　環境の変化が絶対的なものであるなら、個々の生命体もそれに順応していかなくては滅びることになるだろう。進化というのは確かにそれに対する一つの対応策であるが、もう一つ、環境の変化をくい止める、せめてその変化を最小限にするよう努めるという手もある筈だ。

人類はこれまでその叡智を進化の方向へとばかり向けてきたが、それは同時に急激な環境の変化を引き起こすことにもなり、結局はいたちごっこを繰り返してきたように見えてしかたない。

今後はその力を逆方向、即ち環境が変化しない方へと向け、進化しないようにするのが得策ではなかろうか、とも思う。

＊　進化とは退化と同じである…………前川　幸士

進化とは、一般に生物が世代を経るに従って次第に展開し変化していくことであるが、『種の起源』によってダーウィンの進化論が一世を風靡すると、この生物における進化の観念が社会に援用されるようになる。つまり、社会が未分化のものから分化したものへと進化するスペンサーの社会進化論が登場する。この理論は、帝国主義による侵略の根拠となり、植民地化政策のイデオロギーとしても利用されたが、同時にキリスト教の創造神話を破壊する機能も果たした。

しかし、大英帝国がやがて斜陽の時期に入ると社会の空気も変化し、進化の階梯を登りつめた人間は野蛮人に退化するのみであるとする退化論が登場する。進化論の対置概念として退化論が話題になるのは、19世紀末のことである。そして、この概念を決定的なものとし、人類を悲観的にしたのがエントロピーの法則である。この法則は、熱力学の第一と第二のふたつの法則のうちの後者、つまり第二法則である。因みに第一の法則は、エネルギー保存の法則である。

熱力学の第二法則であるエントロピーの法則は、この宇宙はすべて秩序化されたものから混沌へと一方向のみに変化するというものであり、命あるものは死に、形あるものは崩れ、永劫不滅なものはないことを示している。エントロピーとは、失われてゆくものの尺度であり、単位である。これは、人類も高度な文明社会も、進化・進歩するのではなく、退化・破滅に向かっていることを示すものであり、当時の社会に暗い未来と退廃的な精神をもたらすことになる。

19世紀末には、退化論が優勢となり社会文化的にモラルの低下を発生させたのである。ハンガリー出身の医師であり社会評論家であるマックス・ノルドーの『退化論』は、退廃したモラルを正し、オスカー・ワイルドなどデカダン作家たちを批判するものであった。さらに、退化論的風潮を生物学的品種改良で整備しようとする優生学なども現れた。もちろん、優生学などは、現代では似非科学とされているように根拠のない風説に過ぎないが、極端な例としては、これがナチスのユダヤ人虐殺のように曲解された事例もある。

そもそも、退化とは進歩していたものが、その進歩以前の状態に立ちかえることであるが、実は進化と退化とは表裏一体の関係にあるものである。一般に、生物体のある器官・組織が、進化並びに個体発生の途上で次第に衰退・縮小すること、つまり退行といわれる現象も進化で括ることができる。

SFの祖とされるHGウェルズの『モロー博士の島』はこの退化論を素材にした作品であり、『タイムマシン』で語られる80万年後の超未来社会は退化した人間の世界である。さらに、『宇宙戦争』に登場するタコのような火星人の姿は、高度なテクノロジーを有するあまり、そのテクノロジーに頼る機能一点張りの生活を送っていたために身体が退化した姿であるという。つまり、進化の頂点を経て退化した未来の人間の姿なのである。

進化、つまり「evolution」とは、緩慢に行われる漸次的な変化を指す語であり、その変化の方向によって進化とか退化とか言い方が変わるだけに過ぎないのである。ただし、ダーウィンが進化を事実として承認させた要因が、自然淘汰の理論であり、これが一般的に宗教観のみならず、進歩や発展の観念の確立に寄与し、進化や発展という社会や歴史の観点を推進するなど思想的役割も担った。自然淘汰の理論が、社会の矛盾の合理化に活用された側面もある。

弁証法的唯物論は、些細な量的変化の緩慢な漸次的な積み重ねとしての進化によって急激な飛躍的な根本的かつ質的変化が起こることを指摘し、これを革命としている。これが科学的社会主義の基礎理論となっているが、世界中どこの社会も、進化の方向に進んでいると実感し難いのが現状ではないだろうか。そう考えると、19世紀末ならず21世紀の現在も不安が拭い切れないところである。

◆人格とは何か◆

＊人格とは精神の密度である……………浜田　節子

発言の内容一つで人格が問われ、品位を下げることが往々にしてある。発言がその人のレベルを決定付けるので、失言では済まされず、反感、不審を買ってしまうのである。人格が露になるメディアでは、日々そうした問題が取り上げられている。組織を動かすトップの心無い時代を無視した発言は、組織そのものをも弱体化しかねない。

人格とは通常見えないが、行動や発言などにより明確化、現出するものであり、受け取る側の感性の相違にもよるけれど、賞賛、激怒、同情など様々な反応を呼び覚ます。わたしたちは人格という言葉を暗黙のうちに省いている。いわゆる（良い人／悪い人）の感想には微妙であり曖昧な人格への格付けが含まれているけれど、格付けすること事態が、すでに人格を欠いた行為であるから、それを省くのは当然の事かもしれない。

人格とは何か事を為す場合のその人の頭の中に原点がある。源はその人個人の生き方に端を発する人生論の現われである。人格を問うということは人格を疑う場合に言うのであって、人格の最高峰は神格の域を想定すべきものかもしれない。人には戸惑いがあり、疑惑・嫌悪は否応なく付きまとう。それをばっさり切って、正義を信じることのみを選択していけば人格者としての評価に近づけると思うけれど、生きて在る限り、人には煩悩という魔が誘いかけるのが常であれば、完全なる人格というものは難しい。

真善美、愛と誠、正義、平等・・・あらゆる至高の目標に向かって自身を磨き続けることは、万人の隠れた責務ではある。しかし、そうはいかず、人の弱さが人格を頼りないものに衰弱させ、人を傷つけてしまうことがある。横柄、思い上がりが時として大きな勘違いを生み、その人の経歴（印象）を汚すことがある。

　不完全さを補い、常に至高を目指すところに高い密度の人格が待っている。けれど、その大いなる目標はほんの小さなほころびから崩れ去ってしまう。人は反省し、修復を繰り返しながら人格という（無形の）神なる高みへと上ろうと努力する。諦めることなく人格を問い、品位ある生き方を目指したい。人としての見えない義務でもあるのだから。

＊人格とは環境に依存する相対的なものである

…………前川　幸士

人格とは、独立した個人としてのその人の人間性であり、その個人固有の、人間としての在り方である。人間が、個人として持つ性格、個性、行動様式の総体として定義できる。また、自律的行為の主体として、自由意志を持った個人であり、法律上の行為をなす主体である。人間の生存に必要な自由、独立などの権利を有するものでもある。

　この人格という日本語の語彙は、明治の近代化の時代に、英語の“Personality”あるいは“Person”あるいはそれらのドイツ語に相当する概念を表すためにあてられた訳語である。これをあてたのは井上哲次郎といわれるように、当初は哲学的な概念として輸入されたようである。知能、思考、感情、性格など人間の心のあらゆる側面を統合したものが人格であり、人格によって人間は人間となるのである。

　英語の“personality”は、もともとラテン語の“persona”（ペルソナ）に由来するという。つまり、顔やモノの前面、仮面を意味する語であり、演劇の役柄、人間社会における役割を表すこともある。

　ここまで考えると、人間を人間たらしめる人格も、絶対的な価値基準ではなく、人間社会の相対的な位置でしか規定できないことになる。日本語ではヒトを意味する人間（にんげん）の語は、中国語ではその意味はない。中国語の人間（ren jian）は、世間あるいは世の中くらいの意味である。これは古代の中国語つまり漢文でも同じことで、この場合は「にんげん」ではなく「じんかん」と日本では読む習慣がある。

「人格者」という語彙の存在が示すように、人格という語が優れた人間性を指す場合、そこには価値が含まれるが、その価値も世間という人間社会の中での相対的なものでしかない。人格という人間性の根幹に位置するような概念あるいは基準も、他者との比較によるものであり、他者との比較によってしか位置を決められない。私という存在が、他者の他者としてしか定義できないのと同じである。

人間（にんげん）は人間の内面である人格であり、人間（じんかん）は人間の外部に存在する世間であり、両者は相互に影響を及ぼす。しかし、人間の内面を規定する人格が、人間の外部の世間という環境によって影響を受けることの方が多いと考えられる。

幼少期における経験や体験が、人間としての人格形成に大きく影響を与えているといわれているのが、その例である。幼児期におけるネグレクトや虐待の体験は、人間の人格形成に悪影響を及ぼし、その脳の発達具合にまで相違をもたらすことが、福祉や教育の場で報告されている。また、幼少期に継続的な虐待を受けると、虐待を受けている自分を別の人格として無意識的に切り離し苦痛から逃れようとする機制が働き、ひとりの人間の中に複数の人格を形成する症例も報告されている。いわゆる多重人格である。

元禄の文豪井原西鶴は、『好色一代男』や『好色五人女』といった好色物によって恋愛を描き、『日本永代蔵』や『世間胸算用』といった町人ものによって経済を描いた。井原西鶴は、抑圧的な儒教社会において、人間の人格が如何に陶冶されるかを考え、それは周りの環境、つまり世間との関わりによって決められることに気付き、人格と世間の関わりを「恋」や「金」によって描き出すことによって、人間とは何かを突き詰めようとしたのである。また、井原西鶴に傾倒した尾崎紅葉は『金色夜叉』によって、明治近代の新しい時代に女性が「恋」と「金」の選択ができる状況を描いたのである。

人格とは、人間が個人として持つ性格、個性、行動様式の総体であり、人間を人間たらしめるものであるが、これはまた同時に世間という環境に依存する相対的なものでもある。

◆人生とは何か◆

＊徒然なるままに

…………鈴木　康央

人が真摯に「人生」を考える時とは、例えば働き盛りの人が突如癌か何かで入院し、ひとり眠れぬ夜に思いに耽る・・・というような場合ではなかろうか。さもなければ元気な人が日頃から真面目に考え込むことは少ないだろうし、歳とって暇ができた頃には頭も幾分ボケてきて、あまり深く考えられないというのが実情であろう。もし日常的に「人生」を真っ向から考えている人があるとすれば、その人はまちがいなく哲学者である。

さて、そういうわけで私などは、今回のテーマには徒然なるままに思いついたことを記すまでである。

まず人生なんて、生まれた時からしてすでに不公平であることを悟るべきである。でないと僻んだ生き方をして結局は自分も周りの人も不幸にしてしまうだろう。古代エジプトに奴隷として生まれるのと、現代資本家のハンサムな御曹子として生まれるのとでは、その人生に雲泥の差があることは明らか。やんぬるかな甘受せざるを得ない運命である。

しかし、「運命」と言うと偶然のように思われるかもしれないけれども、偶然とは人間の能力不足の為す捉え方であって、それを俯瞰できる能力があれば、すべて必然であることがわかる筈。つまり、両親の染色体の結合によって容姿はほぼ決定されるし、そもそも二人の出会いも、本人たちには偶然と見えても、必然的成り行きによるものである。

要は各人の人生にはそれぞれの役割があって、それは他にぴったりした表現が浮かばないから仮に「神の配剤」と呼ぶけれども、それに支配されるものであるということ。ミクロは原子からマクロは宇宙に至るまで、森羅万象まだ人類にはわからぬ摩訶不思議かつ完璧な法則によって運動しているのであり、どのひとりの人生も、おそらくかなりミクロの側に近いだろうが、その中の大事なひとつの歯車であるということだ。

人生の長さについても同様、各人に死に時というものがあって、長いのもあれば短いのもあって当然。むしろ絶対確実に誰もが死ぬという、この唯一の公平を評価すべきだと思う。それをあたかも長いことが良いことのように考える生命保険、医学、法律そして世間一般の妄誕に対し、私は異議を唱えたい。延命措置ばかり施そうとする現代医学の姿勢には大いに疑問を感じる。

また心筋梗塞や脳卒中など、いわゆるポックリ病で死んでしまうことを恐れてテレビなどで色々と対策を教授しているけれども、これも人によりけりだろう。確かにまだ幼い子がある家庭で片親がポックリいってしまったら大変だろうけれども、例えば貧しい一人暮らしの老人にとってはむしろその方が安楽なのではないか。少なくとも私としては、何が本当に幸せな生き方かと考えると、人生の潤いとなる嗜好を控えてまで病気予防に徹底する気は毛頭ない。ついでに自殺に関しても、年齢など様々な条件次第で、一概に忌むべきものではないと思う。その人の人生の最後の決断くらい尊重してやってもいいのではないか。特に哲学者の自殺は、個人の業績として非常に意味あるものだと思う。なぜなら「人生は生きるに値するものか?」という問いに対し、これ以上ない明確さをもって答えたのであるから。

＊人生とは個人的な物語である

…………浜田 節子

誕生から死亡までの時間と空間を、どう生きるか、筋書きのない極めて個人的な時空の集積である。明らかに目に見え、刻まれていく個人的な歴史は、男女間における物理的な遭遇に始まり一個の人間として誕生を位置づけられたその日から人として生きる道を歩んでいく。歩むべき義務のある精神を伴った有機物質としての宿命を人生と総称する。

人生を放棄することは道義上許されないとされ、全うすべきものである。幸不幸は個人的感想であるが、客観的にも認められる。なぜなら運命は予期できないからで、自然災害はもとより他者における圧力により、生き様の変化を余儀なくされることは多々あるからである。

つまり、人生は才能努力に関わらず、外部との関係によって左右されるものである。明るく恵まれた人生と暗く阻害される貧しい環境では同じ人間の運命も大きな差異がある。みんな同じでないのが人生である。

★★さ行★★

環境という外的要素と個人的資質における精神の振幅が微妙に影響し、その人の判断を決定していく。その結果の積み重ねが個人的記録、人生と呼ばれるものである。

人は一人では生きていけない。必ずや他者との関連の元に「わたくし」という個人の現象が履歴に刻まれて行くのである。「待てば回路の日和あり」という呑気な感想もズバリ正論と化すこともあるし、努力して情報を血眼に集めて勉学に励んでも甲斐なき結果に終わることもある。軽い葉が沈み、重い石が浮くこともある不条理、混沌を人は生きねばならない。人生は煩悩の諸悪や辛酸というハードルを越えていくゲームかもしれない。

だから人は確率を信じ、「こうすればこうなる」という道の選択に賭ける。人生は博打ではないが、勝てば官軍の定理を笑うことは出来ない。常に明日に賭けているのが人生である、それを希望と呼ぶ。明日（未来）を夢見ることは誰もに与えられた権利である。希望の光を我が物とする為に人生があるといっても過言ではない。「山の彼方になお遠く在るとされる幸福」を希求する。人はその一点に向かって歩いているのかもしれない。

人生の紆余曲折を噛み締めながら歩くも人生、ケセラセラと浮かれ調子に楽しく生きるのも人生。人生は長くも短くも感じられるが、その時空はいずれ霧消していくという共通の定めにある。けれど、この消えゆく現象を出来れば美しく燃焼したい。

生きて在るかぎり続く人生を、華ある日々に変換していく。たとえ老いさらばえても、人生は肉体と共にある精神の炎なのだから。人生は個人的な物語であれば、人はそれぞれの思いで書き換えていくことが可能である。

＊ 人生とはいろいろである ……………… 前川 幸士

「人生いろいろ」というのは、過日亡くなられた島倉千代子さんの代表曲である。歌詞のなかに「人生いろいろ～」というフレーズがあったのは記憶しているが、それ以外の歌詞は完全に忘却してしまった。ただ、この曲で主張したいことは、人生にはいろいろなことがあるということ、人生は人それぞれいろいろあるということであったと思う。おしなべて同じ人生というものはない。人それぞれに生き方があり、それぞれの人生がある。人はそれぞれに自分

★★さ行★★

の人生を設計し、その通りなるかどうかは別として、それぞれの人生を歩んでいくのである。しかし、人生がいろいろになったのは、近代以降のことであり、封建時代の人々は、おしなべて同じような人生を送っていたのではないだろうか。

江戸時代に生きた日本人は、親が武士なら子どもも武士、農民の子は農民、町人の子は町人として、その人生を送ることが義務付けられていた。親と同じ職業に就いて、同じような人生を送ることが強制されていたのである。江戸時代の日本が、どこまで鎖国していたかは議論があるが、海外との交易が少なく、経済成長もほとんどなかったと考えられる。変化や発展を望まない社会であったことは事実である。

明治近代になって、西洋から個人主義の考え方が導入され、自分で自分の人生を自由に選択できるようになった時、その自由を自在に活用できた人が、どれほどいたかは疑問である。中村正直の『西国立志編』は、スマイルズの著作の翻訳であるが、そこには「みずから助くということは、よく自主自立して、他人の力によらざることなり。みずから助くるの精神は、およそ人たるものの才智の由りて生ずるところの根元なり。」とあり、自身の人生を設計し選択することは人間として当然のことであるとし、それを「立志」と呼んでいる。自由というのは素晴らしいことであるが、突然、自由を突き付けられて困惑した人々も多かったのではないだろうか。

いずれにせよ、日本人の人生は、この頃からいろいろになったのである。そのため、都市部の人口過密と地方の過疎化が生じ、特定の職業において後継者問題が起きはじめた。就職難や無業者増加の問題、さらには少子化問題の遠因もこの辺りにあるのかも知れない。問題はいろいろあったかも知れないが、それでも人生の選択肢がいろいろあることは素晴らしいことであり、喜ばしいことである。

人生でつまずいたり、失敗したりする人も少なくないかも知れないが、それでも人生はいろいろある方がいいはずである。自己責任で片付けるのではなく、セーフティーネットが完備してさえいれば、金子みすゞではないが人生も「みんなちがってみんないい」のである。選択肢のない強要された人生は、最初から終わっている。

童謡に「さいたさいたチューリップの花が、ならんだならんだ赤白黄色、どの花見てもきれいだな」というのがある。

この歌詞は、人生がいろいろあって、どれもが素晴らしいことを詠っているに違いない。「どの花見てもきれいだな」とは、「みんなちがってみんないい」の別の表現に他ならない。

これを仏教思想に付会すれば、「般若心経」のなかの有名なフレーズである「五蘊皆空」につなげることができる。「五蘊」とは「色・受・想・行・識」のことだというが、このお経の主題は、人生いろいろあっても全ては空であるというようなことではないだろうか。解釈はいろいろあるのかも知れないが、人生いろいろあっても拘ることはないと解釈しても間違いではないはずである。つまり、「人生いろいろ」で「みんなちがってみんないい」と主張しているのである。

そもそも、人生の価値について、判断できる人など誰もいない。人生が幸せであったか、成功であったか、本人でも判断できない。その死後に業績が評価される人も少なくない。宮沢賢治しかり、メンデルしかりである。とにかく、人生はいろいろである。

★★さ行★★

◆青春とは何か◆

＊ 奔放なエネルギーの放出 ……………… 鈴木 康央

若い人の、例えば冬山にひとり挑んで遭難したり、バイクの暴走行為で検挙されたり、通行妨害となりながらも路上で様々なパフォーマンスを披露したり・・といった行為に対し中高年が眉を顰めるのは、それは若者の「分別のなさ」に対してではない。分別のない彼らが起こす「怖いもの知らずのエネルギー」を畏れるからである。

青春とはそういう無分別で無制限なエネルギーの放出期と言っていいだろう。

青春を通り越した人間から見れば、それは奔放としか思えないかもしれないが、そういう自分の心奥には、かつては自分もそうだったという後ろめたさがあることも否めない。だからやたらと知性でもって対処しようとするのであ

★★さ行★★

る。

実の所は、憧れにも似た気持ちで若者に嫉妬しているのかもしれない。それで、若者と共にするのなら拒絶するのであろうが、同年輩の連中が意気投合して、酔った勢いでその気になって、とうとう中年ロックバンド結成・・・などという話も聞かされるのである。そうなるともう青春最中の若者同様、周囲の反応などお構いなしとなる。つまり彼らは青春再燃焼しているのである。

青春時代に実年齢などない。そういう行動している間はずっと青春時代と見てよい。決して皮肉で言っているのではない。要はエネルギーの問題なのだ。芸術家という人種は、こういう人たちの一端に属する種族なのかもしれない。

そもそも人間の一生を「～期」という風に幾つかに分類し、それぞれに名称をつけることに私は同意しかねる。人の一生は各個人の生き様なのだから、総括して決められるものではあるまい。早熟な人もいれば、一生子供心を維持する人だっているだろう。生涯青春時代で通す人間がいてもおかしくはない。

ところでもうひとつ、青春に欠かせない要素がある。それはエネルギー任せの一直線的行動の中にも、どこか憂鬱、憤慨、切なさ・・・といった負の感情が含まれていることである。その背後にはおそらく精神と肉体のアンバランス、理想の自己と現実の自己との不一致、社会という座標における自分の位置の不確かさ、といったものがあるのだろう。当人はそれらを強い行動意欲の下に無意識のうちに包み込んで隠蔽しているけれども、本当の所はそれこそが青春の火種なのである。

いくら存分に暴れ回っても何かしらやるせない気持ち、どんなに頑張っても達成感に一歩及ばぬ心残り・・・こういったものが常に付き纏うのが青春の最中にいる人間の心情である。その対象が政治であれ、スポーツであれ、恋愛であれ、同じことである。

以上、勝手な「青春」像を描いてきたけれども、この青春期を放棄する時が即ち「老い」を迎える時なのだろう。逆に言うなら「老い」を自覚した時が青春との離別ということになろうか。しかしながら、このせめぎ合いの一時もなかなか捨てたもんではなく、ここにおいて初めて爆発を起こす人間さえいる。

最後にサド侯爵の言葉を紹介しておこう。場違いのようかもしれないけれども、案外正鵠を得ていると思えるので。「最後の限界を踏み越えるのに必要な力(否定の力)を失わぬ」ことが人生で何より大切だということである。

★★さ行★★

＊ 青春とは成熟の門である

…………浜田　節子

色に喩えては青、限りなく透明に近いブルーの果てに見えるもの。正体の曖昧な不可解さで包まれた時期をいう。美しくも残酷なのは、答えのない門を潜り抜けるときの痛みにある。肉体的にも精神的にも大人の域に達していると認められながらも、経験の浅さで傷の衝撃を受け、一歩ずつ社会という枠組みに参加していくまでのプロセス。その平衡感覚、バランスを上手く身につけるまでの時間には個人差があり、何時までも青春の領域を彷徨することも珍しくない。「青い」という言葉の中には、未熟という軽い蔑視が含まれている。「青い」という色には、あくまでも純粋な大空という直線的な空間が広がっていて、そういう春を青春と名づけている。だから、青春には何か清々しい浄化作用さえ感じられ、人は青春という言葉に一種の憧れを抱くのである。

「春」は、芽生えの季節、細胞がもっとも活性化するピークであると言われている。夏の酷暑を乗り越えるための試練を学ぶ覚悟の季節かもしれない。青春には空想的なさわやかさが充満している、そんな風に思えるのは、わたし自身が青春をはるかに過ぎた人生の秋を迎えているからだろうか。青春の甘い香り・・・青春とは客観性を持ってそれを認めるとき初めて「青春」の何たるかを知るのではないか。少なくとも肉体的な機能において青春という時期は最高の飛躍、記録を約束する時期でもある。精神性に於いてさえ、知覚細胞、記憶力等の活性は、人生の他の期間を遥かに凌ぐ性能を示すことは確率的にも非常に高いというのが一般的な見解である。

青春とは、いわゆる青年期の人たちに向かっての総称であり、「どう生きるべきか」のスタート地点である。青春とは、つかみどころのない幻でもある。希望歓喜・・・艱難辛苦・・・他人のうかがい知ることの難しい混沌の渦中に生きるための選択肢を模索する時期でもある。格差ある環境、条件の中で、通り一遍の答えを導き出せないのである。

ただ言えるのは、青春には恋愛という開かれた自由な空気があり、人を恋するというエネルギーが人生の岐路を決定付けることは多く見受けられる光景である。恋愛は一生を通して内在するものかも知れないけれど、開放的に選択の自由を謳歌できるのは、青春の特権かもしれない。

人生に於いて、成熟もまた空想に過ぎないけれど、明らかに成熟の前にある恐れを知らないまでの高揚が青春の証しなのだと思う。

＊青春とは反抗と反俗の時代である　…………前川　幸士

「若く明るい歌声に……」の歌詞で有名な青春小説、石坂洋次郎の『青い山脈』には、現代からみれば気恥ずかしいほど明朗快活な青春群像、民主的な社会を目指す若者たちが、恋愛を交えて描がかれている。『青い山脈』だけでなく、『陽のあたる坂道』『あいつと私』『光る海』『娘の季節』など、「青春もの」の大家が石坂洋次郎である。映画化された作品も多く、映画というメディアの発展とともに、広く大衆から支持され「百万人の作家」と呼ばれた。しかし、作者本人にとって、自身の代表作は『青い山脈』でもなければ『陽のあたる坂道』でもなく『麦死なず』であったという。

この作品は、作者自身の実体験を小説としたものであり、上記の「青春もの」からは想像できないドロドロした内容の作品である。主人公は教員の五十嵐健太郎であるが、その妻アキは、当時流行のようにまき起った共産主義運動にかぶれ、夫と三人の子供を残し、愛人の党員で活動家の作家を追って上京してしまう。生活を破壊されながらも、赤子のような妻に対して毅然たる態度をとることができず、思想と愛欲のあいだで翻弄される五十嵐であるが、やがて、苦悩を乗り越え、曲折の果てに妻を迎えに行くことを決意する。そして、さまざまな問題を収拾し、やがて家庭は再建に向かう。昭和初期、知識人たちを捉えた左翼運動の影の部分を、赤裸々に描き、私生活に密着した姿勢で批判した作品である。この作品の冒頭は、五十嵐健太郎が妻アキに、左翼運動家との過ちを告げられて衝撃を受ける場面から始まる。戦前に書かれたものとは思えないスキャンダラスな内容である。

★★さ行★★

石坂洋次郎は、昭和初年から約十三年にわたり旧制中学の教員として、穏やかな小都市で生活を送ったが、『麦死なず』の元になった出来事はこの時に起こった。当時、妻うらの出奔は地元新聞の記事にまでなったという。この作品を書かなければ生きていく力が見出せないまでに追いつめられていた作者は、苦しい体験を文字に綴り辛うじて自己と家庭を立て直したのである。事実、石坂洋次郎はこの作品『麦死なず』によって、文壇における地位を確立した。そして、戦後は「百万人の作家」と呼ばれるに至る。その生き方は、無頼や破滅を美化しがちな芸術至上主義に対する強い批判に貫かれていた。『麦死なず』が契機になって、文学を生活に優先させず、両者を調和させた石坂の創作態度が生まれ、戦後の大衆作家としての成功が準備されたのである。石坂洋次郎は、若い頃、同じ津軽出身の作家・葛西善蔵に私淑した。「私小説の神様」とたたえられた葛西善蔵は、一面で金銭面や女性関係にだらしなく、家族や友人、後輩に多大な迷惑をかけ続けた。葛西善蔵を敬愛した石坂洋二郎はまた痛烈な批判者でもあった。「私自身は、葛西や太宰治のように、文学のために家族に辛い苦しい思いをさせる人間ではありたくない」と書いている。

石坂文学は大衆小説と言われながらも大勢に迎合したものではない。しかも、穏便で常識的な作風と一般に思われがちであるが、戦前は『若い人』で不敬罪と軍人誣告罪で右翼から検事局に告訴され、戦後は『石中先生行状記』で猥褻罪容疑に問われた。敗戦を境に一変した日本の文学界で、両方の時代で官憲から睨まれ、右翼からも左翼からも叩かれた作家も珍しい。時代がいかに変わっても石坂文学の本質が、フェミニズムとリベラリズム、そしてエロティシズムの肯定であることは変わらない。時代に流されず、自己の価値観を貫き通した石坂洋次郎は反抗と反俗の精神の持ち主であったに違いない。

「青春」とは、年齢の若い時代であり、それが人生の春にたとえられる。この時期には、自我意識が著しく発達し、反抗と反俗の気質が顕著になる。石坂洋次郎は自身の生涯を「青春」と化し「青春」を描いた作家であった。まさに、「青春もの」の大家、「青春」の大家である。

◆世界観とは何か◆

＊環境によって形成される個性・偏見

…………鈴木　康央

小さな意味では、自分の属する社会や職業の中で培われたものの見方でその世界を見ることを言うのであろうし、大きな意味では、この世界全体の、あるいは人生というものに対する考え方を言うのであろう。

しかし、実のところはそのような大小の区別などないものと思える。つまり大なる世界や人生についての見方も、結局は小さな世界、自分が日頃なじんでいる世界を通しての考察でしかないからである。即ち環境によって形成されたものだということ。ということは、世界観とはあくまでもひとつの観念であり、各人が生活経験上身についた独自の見解に他ならず、言ってしまえば偏見と紙一重のものかもしれない。

従って各々の世界観に優劣も、正しいも悪いもない。南洋で生まれ育った人間にはそれなりの世界観があり、氷原で生活している人間にはそれに応じた世界観がある。その世界観は必然的に身についたものであり、もしそれがなければ生きていけないものでもあろう。だから異なった二つの世界観が出会えば対立するのも当然と言えよう。それぞれがその世界での生育とともに身についたもの（即ち殆ど偏見）なのだから、そう簡単に妥協できるものではない。特に近い範疇において対立した場合、その反目はより顕著なものとなるだろう。今も進行中の血で血を洗う宗教観の違いによる争いを例に出すまでもなく、もっと通俗な例では、家元同士の陰険にして熾烈な、いわゆる「お家騒動」など、よく耳にするところである。

外から見れば大同小異なのだが、そして実際そうなんだろうけれども、当人たちはお互い意固地になって相手を攻撃する。それはおそらく、妥協することは先に書いたように自分がこれまで生きてきた世界を否定することに思え、これまで築いてきたものを烏有に帰してしまうと恐れるからであろう。全く別の世界に対しては冷静客観的に見られるのに、同種の世界ほど近眼になってわからなくなるようだ。

というわけで、この種の争いはそう易々とケリがつくものではない。実際起こっている事件や戦争を見ればわかること。いや、そもそもケリをつけようという考え自体がまちがっているのかもしれない。ケリをつけるということは片方を優・善とし、他方を劣・悪と決めることであり、元々相対的な観念の相違なのだから、そんな絶対的な位置付けなど無理なことなのである。そりゃ躍起になって自分の世界観を守ろうとするにきまっている。ケリなどつけようとするから余計泥沼に陥るのだろう。

現に、例えば親子間、夫婦間での個人的な世界観の対立によるいざこざは誰もが多少とも経験してきたことだと思う。しかしケリなどつけずに、小競り合いを繰り返しながらも何とかやってきているのが現実だろう。つまるところそれが正解なのだと思う。ともかくお互いの世界観を壊さずに維持しているのだから。もちろん「お家騒動」や「宗教戦争」などの争いでは色々と複雑な要素も絡んでくるのだろうが、解決の基本的姿勢は同じことだろうと思うのである。

以上、世界観とは個人の外界に対する見方であると同時に、他人がその人間の個性を知るためのひとつの手掛かりでもある。

ただし、くどいようだが世界観とは生活経験を通して身についたものを言うのであって、今日のように手軽にインターネットから仕入れた知識をもとに頭だけで判断する見方は別物であると心得てほしい。・・・しかし、まあそれも「ネット観」というひとつの世界観と言えなくもないか？

＊　世界観とは指針である

…………　浜田　節子

世界観とは世界に対する感想ではなく、自身の中の指針に基づく世界の見方、見解である。人は誰でも、潜在意識の中で独自の世界観を抱いている。それが極小であろうと妄想であろうと肥大化されたものであろうと、何であっても今の世の中においては（一応）自由とされている。公言してはならない地域も地球上にはあり、監視される世界観というものもあるに違いない。

ありのままの世界を見る見方ということとは差異がある。あくまで自己の世界観であり、そこには宗教上の神、あるいは信奉する制度を核とした思考、制度の中の規約など多義にわたる世界観というものが存在する。通常わたし達は世界観を持って生活しているとは言い難いが、信念なくして生きることもまた脆弱な生き方といわねばならない。何となく右か左か、前か後ろか、好きか嫌いか・・・そんな風に意識を確認していくと自己の指針有り様が見えてくる。つまりは生きる上での自分が望む価値観と換言してもいいかもしれない。愛するもの、守らなければならないもの、生きるために欠くべからざる心の支えが、その人なりの世界観を築いていく。

五感、あるいは六感を持って心を動かすものを思えば、自ずと世界観に対する答えは導き出されるものである。真であり善であり美であることへの憧憬は世界をつくるが、世をはかなみ、真逆の世界観に引きずり込まれることもあるかもしれない。世界観はある意味善悪を問わない。人を殺めても貫く正義などあり得ないが、それを信じる人の起こす事件は世界を恐怖に陥れている。

いかなる世界観を持つことも自由かもしれない。けれどその指針は、あくまで愛と正義によるものであることが望ましい。人生の意義が汚れてはならないし、より美しく前進していくための未来を掲げた世界観であって欲しい。自然の摂理に従うべき宇宙の一員としての考えを問い直す時ではないか。

しかし、世界観の第一義は本来、強要できないものとしての考え方にある。

◆説得力とは何か◆

＊五官を欺くこと…………鈴木　康央

「記憶」と「記憶力」が異なるように、「説得」と「説得力」とは同じではない。

「説得」とは辞書的には「よく話して納得させること」という意味であろうが、「話して」という部分にこだわれば、それでは絵画や音楽では説得できないことになってしまう。「話して」は「見て」にも「聴いて」にも置き換えられるわけで、つまりは五官を通して納得させる、その技術を「説得力」というのであろう。

ところで、五官とは本来いかなるものであるか？　蓋し、それは動物が外からの攻撃や環境の変化に対する防衛的センサーとして発生したものである。つまり、わが身と種族の安全を確保するための器官として備わったものである。言い換えれば、自己を維持するための器官であり、変革を嫌う検閲官の役割をするのが元来の役目である筈だ。

ということは、先程「五官を通して納得させる」と書いたが、これがいかに困難な仕事であることか知れよう。五官は外からの変革を拒絶しようと構えているのだから、それに対してまともに訴えたってうまくいく筈がない。では、どうするか。

ここで「人間」というか「人類」の特異点としての五官を考えてみたい。上述の通り動物の五官は身の保全のためのセンサーであり、精巧かつ厳格なものである。そうでなければ死をうんと近づけることになるだろう。しかしこれは裏を返せば、融通の利かない頑固な、即ち適応力に欠けるということをも意味する。だからある種の動物は特定の地域で、また特定の行動を繰り返すことでしか生存できないのである。

ところが人類だけが地球上（一部地球外も含めて）ほぼ全域に渡って棲息している。これは真実として、人類の五官が他の動物のそれらよりも検閲が甘く、厳格さに欠け、つまりは非精巧なものである、ということを示すに他ならない。不適応な環境でも拒絶せず許容しようとし、勝ち目のない敵に対してもすぐに逃げずに挑戦させてみようとする、検閲官としては失格な五官なのである。この先は、もう言うまでもないだろう。幸か不幸かこの欠陥によって人類は急激な進化を遂げ、事実上この地球を征服するに至った。欠陥こそが栄華の種ということか。・・・しかし、これは今回のテーマではない。

さて話題を戻すけれども、実はこの五官の欠陥こそが「説得力」の狙い目なのである。人間の五官は欺きやすいということ。他の動物のそれならば頑固に拒絶するであろう新奇な接触や奇抜な刺激に対して、人間の五官は防御が甘くなってしまうのである。端的に言ってしまえば、陳腐な方法を繰り返しても効果は少ないが、相手の予想を超える奇策をもって挑めば成功する可能性大ということだ。

畢竟、「説得力」とはいかに五官を欺くかということである。それは新奇な刺激を以て相手の心に訴えかけ続けることである。・・・・・これって、「芸術と人間」の関係そのものではないか。

★★さ行★★

＊ 説得力とは断定である　…………前川　幸士

いわゆる社会派推理小説と呼ばれる作風を確立させた松本清張は、日本の推理小説の祖である江戸川乱歩の作品について、「二銭銅貨」から始まって「心理試験」を頂点に「芋虫」までを非常に優れた作品としながらも、「一寸法師」を失敗作と断じ、それ以降のエログロ方向をジャーナリズムの要請に迎合したものと評価している。松本清張の文学観に照らし合わせてみれば、江戸川乱歩の世界観は非現実的な幻想の世界に過ぎず、そこで演出されるトリックも非現実的な子ども騙しのネタと考えていたと思われる。

江戸川乱歩の作品には、確かに荒唐無稽なトリックやストーリーが存在する。柵越しにみえる縞の服の色が異なるとか、屋根裏から糸を垂らすとか、冷静に考えれば現実味が少ない。パノラマ島をつくる話などは、谷崎潤一郎の「金色の死」を発展させたものとされるが、ＳＦにしては稚拙であり、ファンタジーとしては、少々バカバカしい。要するに「突っ込み所満載」である。後に、社会派推理小説と呼ばれる作風を確立させる松本清張などは、江戸川乱歩のこのような部分が気に入らなかったのではないだろうか。

しかし、江戸川乱歩原作の演劇『黒蜥蜴』には、「トリックはなるたけ大胆で子どもらしくて莫迦げていたほうがいいんだわ。」というセリフが登場する。しかも、このセリフが美輪明宏によって語られると、これ以上ない説得力をもって、鑑賞者に迫ってくる。そして、断言ともとれるこの断定的なセリフを聴いた者は、完全に納得させられてしまう。逆に松本清張による評価や論考が間違っており、松本清張による緻密なトリック構成が、バカバカしく感じるくらいである。

このセリフは、女賊黒蜥蜴が、資産家の女性を長椅子に詰め込んで誘拐することに成功した後、部下にもらすものである。ここまで言い切られると、子供じみた荒唐無稽で奇想天外なトリックが、急にリアルなものになってしまう。しかも、この「人間椅子」のトリックは、江戸川乱歩を代表するものであり、数ある江戸川乱歩のトリックの中で最も人口に膾炙したものであり、大胆で子どもらしくて莫迦げているトリックである。これを美輪明宏が吐くと妙に説得力が増し、あたかもミステリーにおける定義や前提であるかのように思えてしまうのである

　名探偵明智小五郎と女賊黒蜥蜴の対決と、その間の恋愛を描いたこの演劇を、美輪明宏は丸山明宏時代から数十年にわたり幾度も演じている。近年は、主演のみならず、演出・美術・衣装・音楽・人選等も自ら手がけており、ライフワーク的な演劇となっている。1968年には、美輪明宏演じる黒蜥蜴が、深作欣二監督、松竹配給で、映画にもなっている。

　しかも、この『黒蜥蜴』の戯曲を書いたのは、文豪三島由紀夫である。推理小説嫌いとして有名な三島由紀夫であるが、『「黒蜥蜴」について』と題された1942年の文章で「「黒蜥蜴」は江戸川乱歩氏の唯一の女賊物であり、又、探偵に対する女賊の恋を扱った点でも、唯一のものだと思ふ。私は少年時代に読んで、かなり強烈な印象を与へられたが、石原慎太郎氏なども戦後の少年期に読んで同じやうな印象を抱いたといってゐた」とし、江戸川乱歩も上演パンフレットに「そこには、はだかのままの荒唐無稽が露出しているのだが、三島由紀夫さんは、その私の筋の骨組みに、新しく下り出した立派な衣裳を着せてくれた。（中略）パラドックスとアイロニイに富む『三島織り』の美しい警句衣裳である。」と述べている。「人間椅子」のような荒唐無稽なトリックが、観客に現実味を帯びて捉えられるのは、三島由紀夫による断定的なセリフによるものである。さらに、このセリフが説得力を持つのは美輪明宏の演技・演出による断言でもある。

　「と思います」「というのはいかがですか」「というのではないですか」というような言い回しではなく、断定してしまうこと、それが説得力を増す鍵である。

◆相対主義とは何か◆

＊主語よりも述語

…………鈴木　康央

そもそも絶対的なものなど存在するのだろうか。科学は少なくとも絶対的な正確さを追究するものであるが、その拠り所とする基礎的情報源はどこにあるのか？　それは宇宙という大海原の一隅の砂浜の、地球という一粒の砂の上で得たものにすぎないではないか。それだけを頼りに全宇宙を解明しようなどとは不遜も甚だしい。それこそ非科学的態度ではなかろうか。例えば、生命体は「水」を必要とすると言うが、それもたまたま地球上の生命体を見て判断し、そこから類推しただけのこと。どこか遠い天体では、全く異なる元素で成る生命体が存在してもちっともおかしくないと思うのだが。それにビッグバン説だって眉唾物だ。無からいきなり大爆発なんて、行き詰った論理の突飛な打開案だろうが、噴飯するしかない。要するに絶対的なものなど、神（これも抽象概念だが）そのもの、あるいは神のみぞ知ることであって、我々人類が生まれつき備えているものでもないし、概念としても正確に描き切れるものでもない。というわけで、人間の認識や評価はすべて相対的である、とする立場を相対主義という。

特に日本人は国民性として相対的な考え方が強いようだ。それは生まれた時から聞いてきた、そして喋ってきた日本語の影響が大きいと思われる。本来絶対的、動かぬ筈の主語「私」が、相手次第で「俺」になったり「僕」になったり「自分」になったり、時には自ら「パパ」「ママ」と称することさえある。あたかもテレビのチャンネルでも変えるかのように他愛なく変化する、相対性の極み。いや、むしろ主語を省略するのが常である。

つまり日本人は主語よりも述語中心に思考する民族なのである。だから「冬は鍋に限る」などという表現も成り立つ。日本人同士なら、これで暖かい部屋で箸をつつき合う鍋物のうまさを充分に分かち合える。「誰が」など等閑に付す。述語を共有することに意味がある、というわけだ。こういう言語習慣が少なからず国民性を形成してきたことはまちがいないだろう。

一方、殆んどの西洋の言語においては主語の役割が大きい。英語なら主語がなければそれは命令文となり、つまりは相手を主語とすることになる。彼らはそれだけ主語を尊重する。動かぬ主体、即ち絶対的なものに縋る性質が強い。ゆえに一神教を信仰するのも当然といえよう。

さて、言うまでもなく「絶対的」と「相対的」とどちらが優位かなど無意味な問いだが、「絶対」を愛し、科学を進歩させてきた西洋人が、近年自らそれに疑問を抱き始めてきたのも事実だ。実際、科学の弊害はもはや看過できない世紀となっている。

そこで、これからは相対的思考こそが世界を救う、などと大言壮語する気は毛頭ない。ただ身近なところで、例えば対人関係の改善の一助にもなるかもしれないので、相対的な考え方を意識した方がいい面もあると思う。それは他人を評価するに際し、その主語よりも述語に注目すること。一例として「Aさんはケチだ」と言う場合、「Aさん」よりも「ケチだ」に気を向けてみる。そうすれば「ケチだ」というのが非常に幅の広い言葉であることに気づき、結局は相対的な判断でしかないことを知るだろう。それで特定の主語（Aさん）を目の敵にするようなこともなくなる、と期待したいのだが・・・

＊ 相対主義とは無神論の一形態である

……………　山下　公生

相対主義の対極は絶対主義である。事実認識の相対主義はあり得ず、必然的に絶対主義である。事実認識の頂点にある科学では、アプリオリの思考がアポステリオリの経験により検証され、その事実の真偽が判断され、真のみの集合体としての普遍的事実の絶対主義の科学が存在する。相対主義とは、価値体系の多様性を意味し、事実認識のような客観的な絶対基準がないことである。つまり、相対主義とは、具体的には文化的相対主義のことであり、全ての文化には優劣がなく、その価値は平等であるということである。言い換えれば、民族的優劣は存在せず、全ての人間に対する基本的人権宣言である。この相対主義は、ヒトラーが優秀性を自称したアーリア人の劣性民族の刻印を押したユダヤ人への虐殺であるホロコースト批判の基盤である。この相対主義は民主主義の思想基板となり、多民族国家の

★★さ行★★

アメリカ合衆国の建国へ至る。だが、全ての民族の平等宣言をした国家でさえも、黒人の大統領が誕生するまでは、社会的黒人差別が存在した。そして、現在でも心的レベルでの民族的差別が存在している。そこには、多民族国家の根底にある無神論思想の限界が示唆されているのである。真の民族的平等は、「神の御前おいては」という前提の中に存在することを見逃してはならない。

すべての国家において、人間に外的な権力によって内的価値観を強要することは許されない。価値観のヒエラルキーの頂点に位置する宗教は、人間集合体の内的なエネルギーを集約制御し、社会を動かしている見えざる存在である。その宗教の形態は多種多様であり、信仰の自由は保障されており、国家が信仰の自由を阻害することは許されない。信仰を強要することは、ドグマのテロ活動を意味し、無神論を強要することは、共産主義国における粛正を意味する。しかし、唯物史観もイデオロギーという理神論のドグマを強要する疑似宗教なのである。

神の存在の有無を議論する場合、人間至上主義の願望の化身である超人を熱望するファシズムの御旗と、カルト宗教の妄想神、原始宗教のアニミズム、さらには無神論の共産主義国家が渇望し粛正の根拠としているイデオロギーは、同じ低次元の疑似宗教であり実際は同じ存在である。付け焼き刃の疑似宗教とは異なり、伝統宗教の価値観には、幾多の共通の価値観が存在する。伝統宗教の形態は多種多様で、祭儀形式や信仰対象は相対主義であるといえるが、価値体系の共有部分においては絶対主義である。この相対主義に共存する普遍的価値である絶対主義の存在こそ普遍的な絶対法の原点になるのである。

神の啓示により誕生したキリスト教における黄金律は、普遍価値の宝庫である。要約すれば、「自らを神とするなかれ」、「殺すな」、「盗むな」、「騙すな」、「姦淫するな」、などである。この黄金律の戒律は、他の伝統宗教と共存出来る相対主義を超越した普遍戒律である。価値観を強要することは許されないが、逆に善悪の絶対基準のない野放図な相対主義は、実存主義、アナーキズム、カルト宗教に繋がり、対極の絶対主義のファシズムや唯物史観、優生思想と同様に危険な思想である。この際、相対主義の対極にある絶対主義も共に無神論である。

相対主義は、ファシズムや狂信的ドクマ集団の思想基盤である絶対主義の制御的役割を担い、相対主義は、絶対正義のごとく過信されがちである。しかしながら、相対主義はその究極には、利己主義の横行を促進し法や道徳を無力化し、社会を猿の集団に退化させる危険をもっている。相対主義の対極の絶対主義も共に無神論で人類に危険な種子を秘めている。

絶対の真理、正義、法、などは、神のみに存在する。それは、一宗教のドグマを意味するものでも、すべての宗教を統一化する、いかがわしい混合宗教を提示するものではなく、公平で慈愛の行使を行なう神の臨在の確信を意味するものである。

た行

◆大局とは何か◆

…………鈴木　康央

大局とは、元来囲碁における勝負の展開の全体的な成り行きを言うようだが、ここではそれを敷衍し、一般論として考えてみたい。

ひとつの国家、社会の現状と近い将来の展望を表すものとして。例えば、「科学技術面や文化面ではまだしも、政治面においては他国から明らかに軽視されている、というのが現在の日本の大局である」という風に。

また、ひとつの世界、例えば文学界、音楽界、芸能界などの趨勢を語る時にも用いられる。「大局的に見れば、特にピアノなど、東洋出身の新人演奏家が今後ますます増えてくることだろう」という風に。

さらに、これは個人の生涯を言う時にも使えそうだ。「この政治家の権力も、大局的に見てもう長くは持つまい」とか「彼女の一生は、大局的に言ってしまえば、ずっと夫の礎としての存在だった」という具合に。

さて、いずれにせよ大局的に物事を見るためには、まずは出来るだけ詳細かつ豊富なデータを要することは言うまでもない。そしてそれらを客観的に眺め、明確に分析する能力、頭の中に綿密な俯瞰図を描ける能力を必要とする。そしてさらに重要なことは、その図を出来るだけシンプルに骨組構造がはっきりとわかるように（レントゲン写真のように）デフォルメすることである。こうして出来上がった図面が「大局」なのだと思う。

＊水墨画の眼

こう考えると、私は即座に水墨画を想起する。白黒の濃淡のみで事物や風景の全体像を象徴的に捉え、時には数筆で一気に描いてしまう。しかしその絵は、そのものの本質を見事に十二分に表現している。

あるいは簡略な似顔絵の方が証明写真よりもずっとその人物の本質を表していることがよくあるように。

水墨画の画家も対象をよく観察する。細部に至るまで徹底的に観察する。それだけ観察すればこそ、何が重要ポイントかが見えてきて構造が明瞭となり、それゆえに省略や強調が可能となるのであろう。正にこの眼は大局を見極める眼と等しい。

こういう眼で眺めれば、些細なことにこだわることもなく、対人的にもいちいち不愉快な思いをせずにすむのではないか。それは鈍感なのではなく寛容なのである。一本一本の木の存在を意識しながらも、森として眺める眼である。

強調、デフォルメという面でも、思い切りの良さ、時には大胆な発想を実践する勇気も必要とする。例えば一本の松の木を描くにも、幹を敢えて極端に曲げて登り竜となることもある。現実にはそれでは立ってられないはずだが、絵としてはその方がより真実の松となるのである。

「事実」か「真実」かで言うなら、水墨画はまちがいなく「真実」を描く絵である。そして大局を見る眼もまた、真実を見る眼でなくてはならない。いや、事実を観て真実を読み取る眼といったほうが適切であろうか。

＊ 大局とは、抗えない時代の流れである
……………前川 幸士

「大局」とは、物事の全体のありさまや、成り行きのことである。もともとは囲碁などのことで、全体的にみた勝負の局面をいう言葉であったのが、現在では経済の術語としても使われている。大局は、「大勢」とも呼ばれ、マーケット全般で使われる術語で、相場に対する長期的な展望をいう。また、大きく見た相場の流れ、相場参加者全体の動きのことを指す。さらに、投資において、大局を見通して相場をやることを大局張りなどということもある。因みに、通常、大局は六カ月以上の展望を指し、大局よりも短い中期的な展望、一から三カ月程度の展望のことを「中勢」、それより短い短期的な展望、一カ月以内の展望のことを「目先」という。

大局という言葉には、「大局には抗えない」と使われるように、どこか人間の力が及ばない、不可抗力の流れといった雰囲気が濃い。時代の流れに抗うことは難しい。抗おうとしても徒労に終わることも多く、命を賭して抗っても犬死となることもある。


われ少女神にたがえる戦には雄々しく死なぬ人を恋ひける

『明星』一九〇四年十月号に投稿、掲載された北原白秋の六首の歌の一首であり、北原白秋二十歳の習作である。この年の二月に日露戦争の開戦があり、その交戦中の作として注目される作品である。戦争に行って、何が何でも死ぬような男は、私は恋しくは思いません、というような意味である。女性の身に仮託して詠んだ歌である。この前月の『明星』九月号には、「あゝをとうとよ、君を泣く」に始まる与謝野晶子の非戦詩「君死に給ふことなかれ」が発表され大きな反響を呼んだ。この詩を読んだ北原白秋がすぐに反応して作った歌ではないかと推測される。

しかし、このような北原白秋も第二次大戦中は、戦争賛美の詩歌を多く残している。第二次大戦中ばかりでなく、日本が軍国主義の道を歩み始めた頃から、歌人たちは戦争協力の歌を詠み始めた。短歌という韻文の形式やリズムが、戦争時における士気高揚にマッチしていたのか、短詩の形態がスローガンとして流用されたのか、戦争協力をした歌人は少なくない。その作品は現在では読まれることもないが、臆面もなく戦争を讃美し、士気を鼓舞するものである。斎藤茂吉や前川佐美雄などがその顕著な例である。戦後、彼らは糾弾され、戦犯扱いで戦後の歌壇から弾き出された。一九四二年に亡くなった北原白秋は、戦後に彼らのように糾弾され憂き目を見ることはなかったが、やはり彼も戦前戦中は戦争を讃美する詩を創り、歌を詠んだ。むしろ、積極的にこの手の仕事に関与し、愛国の詩人と賞されもした。

北原白秋は、一九三三年に行き違いから鈴木三重吉と絶交し、『赤い鳥』に執筆することがなくなった辺りから、国家主義に傾倒し始める。この年の皇太子誕生に際しては、奉祝歌「皇太子さまお生まれなつた」を寄せている。一九三七年、北原白秋は、糖尿病および腎臓病の合併症のために眼底出血を引き起こし入院し、これ以降視力をほとんど失うが、さらに歌作に没頭する毎日であったという。一九三八年にはヒトラーユーゲントの来日に際し「万歳ヒットラー・ユーゲント」を作詞するなど、国家主義への傾倒が激しくなったのもこの頃のことである。他にも、「伏見軍令部総長宮を讃え奉る」、「ハワイ大海戦」、「マレー攻略戦」、「海道東征」などという戦争讃美あるいは士気高揚のための歌を作詞した。北原白秋には言葉の華麗さや官能美はあるが思想がないとよくいわれる。大局のなかで詩歌をつくり、世の中に問い続けたのである。信念やポリシーが無いようにも思われる。北原白秋もまた大局に呑まれていったのである。
しかし、北原白秋は詩歌を作り続けた。多作であることがポリシーであるかのように作り続けた。大局に任せるかのように作り続けたのである。

◆知恵とは何か◆

＊知恵とは多様な形態を持つ哲学知識の総体である…………前川　幸士

「知恵」とは、物事の道理を判断し処理していく心の働きである。一般的に、物事の筋道を立て、計画し、正しく処理していく能力をいうが、時と場合、そして場所によってその意味する内容はさまざまである。

仏教用語には「智慧」と表記して、物事をありのままに把握し、真理を見極める認識力をいうこともある。相対世界に向かう働きの「智」と、悟りを導く精神作用の「慧」で、「智慧」ということである。この仏教でいう「智慧」は「般若」と漢訳され、菩薩の修行道である六波羅蜜ないし十波羅蜜においては、般若波羅蜜としてもっとも主要な修行道とされている。それはいっさいの現象や、現象の背後にある理法を知る心作用で、存在全体の真実相を一瞬のうちに把握する直観知をいうということである。この概念は、分析判断能力とは異なり、もっとも深い意味での理性と考えてよい。

以前、この「般若」を中国語でどう発音するかで悩んだことがある。現代中国語の「般」の字には、二種類の発音がある。音を表記することが目的なので、いささか乱暴ではあるがカタカナで表音表記すると、「般」の音は、「パン」と「ポー」の二つである。今から二十年近く前のこと、周囲にネイティブスピーカーも少なく、また知人に中国人がいても、仏教用語に精通しているような人はいなかった。しかし、これは漢訳語である「般若」の元が何かを考えることで推測することができる。これも乱暴ではあるがカタカナで表記すると、サンスクリット語の「プラジュニャー」

あるいはパーリ語の「パンニャー」の語がこれに相当する。これが必ずしも正しい音であると断定することはできないが、「般若」は「パンニー」というように発音するのが妥当であると考えられる。

これらのことからも判るように、人類が「知恵」と考えている概念には、さまざまな内容のものが含まれる。「知恵」とは、人生の指針となり人格と深く結びついている哲学知識であるが、その内容や形態は多様である。

このような人類の「知恵」の中で、少々異質ながらも近年注目されているのが「身体知」といわれるものである。優れたアスリートが、優れたパフォーマンスを行う場合、そこには稀有な「身体感覚」がある。この身体感覚によって、素晴らしい記録が生まれ、競技力が向上する。身体感覚は、偶然のようにして発見されることも少なくないが、その偶然によって発見された身体感覚を、必要な時にいつでも再現できることが要求される。身体感覚を技として身に付け自家薬籠中のものとするプロセスが重要であり、人間が生きていく上においても主要なテーマとなる。一度だけ偶然にあらわれた発見を試合で使えるように反復と継続によって技として身につけるプロセスこそが重要なのである。

アスリートとして、高いポテンシャルが発揮できるかどうかは、練習や試合のときの意識の明晰さにある。目的意識が明確であればあるほど、身体感覚を技として身に付けるプロセスは効率がよく、技の質と量が高まる。気合いや根性といった精神主義ではなく、身体感覚を技化するプロセスを科学的に追求することが重要であり必要なのである。そこで得られたアスリートたちの身体知の社会的価値は非常に高く、人類の知的資源であるといえる。人類の知的資源であれば、それを伝達し継承していくことが求められるのは必然である。そのためには、その身体知を言語化し伝達するプロセスが必須となる。

身体感覚を伝える言語はなにかといえば、それは擬音語、擬態語といったオノマトペ表現ではないだろうか。このような言葉は、やや通俗的であり、くだけた言葉、幼児語と看做される向きもあるが、日本語においては極めて的確に身体知を表現し得る言葉のはずである。このように考えればオノマトペは、人類の知的資産を後世に伝達する重要な語彙なのかもしれない。

＊　知恵とは不可知の暗雲の隙間から差し込む天上の光である　…………　山下　公生

形而下認識の確実性とは、論理的に整合した演繹命題と経験的な反復性の確率性の高まった帰納命題との照合が矛盾なく適合した事実である。この形而下認識の領域の最高峰とされる科学が発見した数々の法則は、この原理に則っている限り、その提示した法則の真実の確実性は保証される。しかし、裏を返すと、この原則の適応が不可能な命題は成立不能となる。その命題とは、形而上の命題である。具体例を挙げると「死後の世界は存在する」あるいは、「霊魂は不滅である」などの命題である。つまり、認識結果の信憑性が認められている形而下認識の最高峰の科学でさえ、形而上的命題へは踏み込めない。では何故、このような障害が起きるかというと、死や生は普遍的経験であると同時に極めて個人的な経験であるために科学が経験を普遍化して実験や観測に置き換えているような、普遍的経験命題の成立が不可能であり、演繹命題の帰納的命題による照合が不成立となり二律背反の認識迷路に陥るからである。

では人間は確実な認識方法を超えた形而上の存在の有無を認識できないのだろうか。だがその存在の認識以前に現実にわれわれ人間は日常において、これらの命題と関わりながら生きているのである。逆に関わりを無視しては生きられない。何故なら、いくら死後の世界が不可知とはいえ、何らかの答えを見出さなければ生きる意味も見いだせないからである。この形而上世界からの不思議な明かりは、人生において緊急の切羽詰まった状況、あるいは覚醒した祈りの状態の時などに認識される。この状態を禅僧は「悟りたり」と発し、老子は「道を得たり」と暗示する。また密教のマンダラの世界にも類似性を見つけることができる。キリスト教では神にすべてを委ねた時に授かる神からの啓示といえる。

一般的に形而下の認識に優れた者を頭脳明晰と称賛し、生きるに巧みな人を知恵があると敬意を表す。つまり知恵とは、命に関わる形而上世界の認識能力の深さを暗示しているようである。よって、科学の高度な命題を究めるためには、頭脳明晰で修練を積んだ優秀な学者や、研究者に限られるが、幸せで有意義な人生を過ごすための知恵は、ごく普通の人生を真摯に生きている者に自然に備わるものである。何故なら、知恵とは、自らの力で真理を発見する特殊能力ではなく、逆に自らの無力さや無知さを自覚した人間が謙虚に天を仰ぐ時、不可知の暗雲の隙間から突如差し込む天上の光と表現することが出来るからである。どうやら知恵とは、真理を自らの才能で発見する能力と言うより、天上からの光を謙虚に受け入れる能力、あるいは、神の啓示を授かる能力のことらしい。

命題には形而下の事実命題と、形而上の価値命題があり、かつて哲学は、その両方に精通し、学問の女王と呼ばれた過去の輝かしい時代があった。だが、現代において哲学は、形而下世界の学問の主席の座は、科学へ明け渡し、おまけに形而上の世界にはあまり関心を示さない。よって、幼稚な新興宗教の初歩的な矛盾すら発見できない過去の偉大な哲学者の解説書作りに専念するサラリーマン哲学者も増えていると聞く。そして日常に氾濫する「何とかの哲学」のような安易な軽さ。

さてさらに知恵について瞑想すると、真理のために自ら毒杯を飲んで死んだソクラテスの哲学魂は、国家の為に命を捧げた特攻隊員たちの魂を揺さぶり起こし、神の為に自らの命を捧げた殉教者たちの魂に共鳴し神の偉業を称える。そしてやがて、知恵の根源である神の存在を間近に見るキリスト信徒の祈りの境地に辿り尽くのである。そしてその神の声である啓示は、真に謙虚で敬虔なる知恵ある者のみに与えられる形而下と形而上のその全てを含んだ真理・真実である御旨と言える。

◆諦観とは何か◆

＊自分を受け入れること……………鈴木　康央

人それぞれが、過去からの連綿たる記憶を宿している。そこには現在の個体を超えて、人類の、さらには生命の歴史までが蓄蔵されている。いわゆる「個体発生は系統発生を繰り返す」ということ。

その発生過程においては、女性になり得る可能性を棄てて男性として生まれるという運命も含まれる。また、いわ

★★た行★★

ゆる「血統」だとか「家系」だとかいう、偶々ある一族の中に生まれたという巡り合わせもある。さらに、こういった潜在的要因に加えて、生まれた時と場、即ち環境という要因もある。特に昨今はこの環境が激しく変化している時代である。

こういう現代社会に生まれた人間は、当然の如く多くの欲求不満を抱えることになる。そして性同一性障害、神経症、心身症、不登校・・・等々様々な精神的症状として表出してくる。あるいは犯罪行為という形をとることもあろう。

これらはいずれも原因と結果を直結して考える因果論にとらわれているからではなかろうか。「どうしてこんな顔に生まれたのか」とか「どうしてこんな家に生まれてきたのか」とか「なぜあんな学校に行かねばならないのか」などなど。そして各事象を現在の悩みの原因ととらえて、そこに短絡的な結果を見出し、意識的な犯罪行為、また無意識的に症状として表れたりする。

私にはこういう直線的因果論は、科学の向上には必須かもしれないが、心を持つ人間に対してはそぐわない論法のように思える。そこで思うのが仏教的な因縁生起という考え方である。これは長大なる生命の歴史を包含するものだが、端的に言えば「そういう自分をすべて受け入れなさい」ということであり、これが即ち「諦観」だと思う。

「天命」ととらえて「仕方ない」と思うことは、決して放棄することではない。逆に受け入れることで自分を活かすことになるのである。これは災害からの復興にも通じる考え方だと思う。

江戸時代、「士農工商」という身分制度が強制された時代、詳しい資料は知らないけれども、はたしてどれほどの人間が神経症や心身症を患ったことだろう。思うに殆んどいなかったのではなかろうか。昨今言うところの統合失調症のような精神病は別として、神経症などは「自由」な世界の中での「我」の抵抗によって生じるものであろう。換言するなら、自由社会が神経症をもたらす場でもあると言えよう。断るまでもなく、私は自由社会を否定し、身分制度を復活させろなどと言っているのではない。ただ絶対的な束縛を「天命」と見る世界にあっては、「我」の抵抗も少ないのではないかと思うのである。もちろんそんな中でも、いつしか強烈な「我」が目覚めて、「革命」が勃発することにもなるのだろうけれども。

世の中、生まれた時点で男女の差、貧富の差など不平等が当たり前なのであって、これは仕方のないこと。要は自由社会にいればこそ、精神の健康のためにも「諦観」が必要なのではないかと思うのである。そしてその行き着く境地を「真諦」というのだそうだ。

実際に「仕方ない」と口に出すことも、とても有効な「おまじない」になるのでは。

★★た行★★

＊諦観とは無限を知り己を知ることである

…………前川　幸士

「真諦」という言葉がある。これは、絶対的・究極的真理を表わす言葉であり、サンスクリットでは「サティアン」という。なぜ、ここで「諦」つまり「あきらめる」という文字が使われているのか、疑問であった。また、「真諦」に対して「俗諦」という言葉もある。「真諦」が、絶対的真理であるのに対して、こちらは相対的な真理を意味する。究極の真理である「真諦」に対して、世俗的な真理ということになり、仏教的には方便的なものとされる。「真諦」と「俗諦」で「二諦」ともいう。いずれにしても、これらの言葉には「諦」という文字が使われている。

「諦」という字は、漢音で「テイ」、呉音で「タイ」と発音するが、これは「真理」を意味すると考えられる。この言葉は、「あきらかにすること」を意味すると同時に「あきらめること」も意味する。「あきらかにする」とは積極的肯定的な印象を持つ言葉があるが、「あきらめる」とは負の印象が強い言葉である。「真理」という意味からは、それを「あきらかにすること」として、こちらの意味が連想されるが、「あきらめること」とは感覚的に相容れない。

「諦観」とは、「明らかに真理を観察すること」を意味する仏教の術語であり、明らかに視ること、菩薩を目で明らかに視ること、つまびらかに見極めること、つまびらかに観察し思考すること、であると各種の経典に記されている。あらゆるもの、つまり「一切諸法」の真実の姿つまり「実相」をつまびらかに観察することを意味する。このように考えれば、「諦観」とは、「あきらかにすること」であり、同時に「あきらめること」でもあるということになる。この矛盾することを、矛盾することなく解釈し思考することが、苦を脱した至上の幸福、つまり解脱ではないかと考えてしまうのは、仏教に無知な素人、あるいは俗物の考えであろうか。

しかし、宇宙の真理などというものは、容易に解かり得るものではない。宇宙の真理をあきらかにするなどということは、小さな存在である人間などが、よくなし得ることではない。それが可能であると思い込んでいるのは、己の存在の小ささを知らないからであり、己をしっかりと観察できていないからである。あきらかにすることができていないのである。己を正確に観察し、あきらかにすることができていれば、真理をあきらかにするなどということは、あきらめてしかるべきもののはずである。しかし、ここでいう、あきらめるは「諦観」であっても、決して「達観」ではない。「真諦」にたどりつけなくとも、「俗諦」にたどりつく努力は怠らないのである。

これまで人間は、方便的な真理にたどりつくことを繰り返しながら、真理を求めてきた。例えば、宇宙の真理を見極めようと、先人たちはさまざまな仮説をたててきた。地動説を克服し、ニュートンの物理学、エーテルの仮説を経て、相対性理論にまで行き着いたが、これで宇宙の真理が見極められたわけではない。「俗諦」を経由しながら発展しつつも、「真諦」にたどりついたわけではないし、たどりつくことができるものでもない。人間が生きているこの世界、つまり、宇宙がどのようになっているかなど、人間などが見極められることではない。

一般に「諦観」とは、入念に見ること、じっと見ることであり、「諦視」という言葉もある。「諦観」とは、あきらめることであっても、それは途中で投げ捨ててしまうことではない。入念に観察することで無限を知り、そして己を知ることである。無限に向上するためには、自分の領分を知って、可能なところまでの「俗諦」にたどりつき、それを繰り返しながら「真諦」をめざすことが必要である。

＊　諦観とは禁断の実の味を悟ることである　…………山下　公生

日本人にとって諦観とは、仏教の四諦の思想を基礎としている。すなわち苦諦、集諦、滅諦、道諦である。

苦諦とは、仏教の人生観の基盤であり、同時にこれこそ人間の生存の必然的姿とする。仏教では人間における苦を示すために、「四苦八苦」を説く。「四苦」とは「生・老・病・死」の四つである。これに「五陰盛苦」を加えて、「四苦八苦」と言う。いわゆる煩悩の原因・根源を知ることである。

★★た行★★

集諦とは、苦が集起させたことによって現れた欲望を求めて止まない、煩悩に溺れた現状・実態を観想することである。

滅諦とは、「苦滅諦」といわれ、煩悩が滅して苦のなくなった涅槃の境地を言い、いっさいの煩悩の火が吹き消された世界をいう。

具体的には、諸法皆空と言われ、諸法はすべて空であって、実体のあるものではなく、因と縁から成り立っているものであり、苦は縁であり、縁は因を変えることによって変わりうるという達観であるとも言える。

道諦とは、「苦滅道諦」で、苦を滅した涅槃を実現するための実践修行を言い、これが仏道すなわち仏陀の会得した解脱への道行きである。つまりこの因果律の究極において完成した境地が諦観と言われる。また諦観は、禅に多用される悟りと、ほぼ同義語であり、在るがままの行為が常に万法に証せられる状態のことで老荘思想の影響が見られる。

諦観とは元来、仏教発端の概念であるが、日本人の諦観の概念には、前述の仏教思想が基盤となっているが、東洋文化の流れの執着地である極東の日本には、インドの仏教概念の諦観の概念に、中国哲学の老荘、儒教が流れ込み微妙に変成している。つまり、日本における諦観とは、仏教の諦観の境地を下地にしつつも、社会の栄枯盛衰の権力闘争から身を引き、自然の法に生きる老荘思想の仙人の境地でもあり、同時にまた、儒教における社会の真ただ中で、超然と行動する聖人の境地とも言えるのである。つまり、出家した完全な高僧の悟りの境地と言うより、在家に在りながら超然としている境地に近い。

さて東洋哲学の概念である諦観は、人間の究極の完成状態である境地をさしているが、東洋文化の終着地の極東の日本には、明治以後に西洋文化が流入して新しい概念が次々と誕生した。その中でもっとも大きな影響を与えたといえる概念がキリスト教の神の概念であろう。これほど異質な文化が出会う国は、日本が最たる場所であるといえる。むろんキリスト教は宗教であり哲学ではないので、例え現在の日本の信徒が1％に満たなくとも、世界一のロングセラー聖書の内容をまったく知らぬ者は皆無に等しく。キリスト教は東洋発祥の諦観の概念に大きな影響を及ぼした。

諦観の概念基盤の仏教は、無神論が基盤であるがゆえに現実における苦境の原因は、人間の存在そのものにあり、人間の煩悩や、度を越えた欲望が、森羅万象のその本来の姿である空を諦観できない為であるとされる。

しかし、人間を神の存在と常に一対で考える西洋文化の基盤となっているキリスト教では、現実世界の苦難や不条理とは元来、神のごとく完璧ではない人間が神のごとく完璧になろうとする不遜なる心を諦観できず、神の禁じた禁断の実を食べた罪の結果であるとする。そして、その罪は万人が生まれながらにして持っている共有のものであり、その贖罪は人間自身の努力で解決できるものではなくその罪を贖罪できる存在は、神以外にはありえず、その贖罪の唯一の方法が、キリストの十字架である。その十字架の意味を深く理解する上で、東洋と西洋の文化の合流点の日本の中で生まれ変わった諦観は、禁断の実の味を深く観想する大きな意味を持っており、キリスト教と袂を分かち、低迷の中にある現代西洋哲学の大きな活性剤となることだろう。

◆伝統とは何か◆

＊移ろう伝承の枕詞

……………鈴木　康央

過去から受け継ぐ事物は客観的表現として「伝承」である。それが支障あって困ったことや厄介なものと内部で感じたり外部から指摘されると、そこに「悪習」だとか「因習」というレッテルが貼られる。

一方、「伝統」という言葉を芸能や文化、技術、行事などにくっつけると、格式を高め、外へアピールする役割を持つようになる。言ってしまえば商業的宣伝文句となるわけだ。つまり「伝統」とは「伝承」に冠するひとつの枕詞と思っていい。

さて、私がここで考察したいことは、「伝統」（伝承）は変化するかしないか、あるいは変化すべきか否か、ということである。

★★た行★★

例えば新聞は、インターネットが普及した現在でもなお存続している。書籍も、あと何十年か経てばわからないけれども、現在のところ、ある。しかし、その印刷技術は大変化を遂げた。活版印刷からワープロの時代へと推移し、かつて重宝された植字工なる職人たちは今や無用の人たちとなった。つまり、植字という仕事から見れば伝承はほぼ完全に途絶えたわけである。が、印刷という職種は存続している。

別例として、落語の場合はどうか。今の若い人たちに「へっつい」だの「七輪」という物、また「文」などという貨幣単位がわかるだろうか。あるいは電話をかける仕種でも、昔のダイヤル式にぐるぐる指を廻してもピンと来ないのではなかろうか。

話の筋、笑いの急所はしっかり固まっていても、細部の言葉遣いやその他の表現は時代の聞き手に合わせて変えていかないと通じないものとなりつつあるように思える。それとも何人かの噺家たちが取り組んでいるように「創作落語」として新作を発表するか。いずれにせよ古典落語をそのままの形で伝承するのは時が経つとともに難しくなってきているのが現状であろう。

こういった変化を樹木に譬えるなら、枝の先端に向かっていくほど大きく変化しやすく、あるいは消滅することもありうる。しかし幹は久しく永らえる傾向にある。これは予想される通りのこと。

けれども、枝の花が咲かなくなったり、また色の違った花が咲き出したりしたら、その木自体も多少とも変化して見えるだろう。どの木もその時代その土地の空気と水を吸っているのだから、それに応じた色合いを持つようになるのも当然である。

即ち、伝承は「変化せざるをえないもの」と言えそうだ。

＊伝統とは秘められた意思である …………浜田　節子

伝統とは、思想・風習・技術などの伝達であり、守るべき意志をもって引き継がれる慣習である。真であり善であり美であることの傾向が極めて高く評価されうるものを後の世にも残したい！残さねばならないという強い欲求により、責務を持って継続されていくことに始まる伝統。客観的にそれが伝統だと認可されうるには時間が必要かもしれない。結果的に伝統と呼びうることが可能であると認知され衆目の承認・賞賛を得た上での伝統という誇り、冠である。

人であることにより伝えられる、つまりはその英知・・・五感を手段とする伝達は、味覚・触覚・視覚・聴覚・嗅覚などの鋭い感覚や能力を持って極めることを目指しながら次世代へと引き継がれていく。地域の活性化になる行事(祭り)、生活の糧としての利潤を生む独特な手法、目的はそれぞれであるけれど、偽や悪に結びつくものは排除、そぎ落とされていく定めにあると確信する。

伝統には平均性はない。唯一、究められた秘法だからこその所以であり、他にもという平等の観念は希薄である。ただ近年は新しさとの融合という進化があり、伝統は守られるべきという固執は緩められている。けれど本来、伝統は他所から盗まれることのない秀逸であり、秘密裏の伝達を旨としている傾向が強い。しかし、科学的にも物理的にも解析がなされる時代、それを守ることは難しい。もちろん特許という申請もあるし、流派という組織化もあり、伝統を守る手段は確立している。

伝統とは、人の欲求、羨望の的であることにより伝えられる慣習、秘法である。伝えようとする固い意志、秘められた意志なくしては存在不可能なものである。

秘められた意思・秘かな情熱により、時を超えて輝き続けるものが伝統である。

…………　山下　公生

＊　伝統とは歴史の形而上的主宰の顕現である

温故知新とゆう諺がある。過去を検証して未来の展望を得ることだが、この温故に相当する箇所が伝統を意味している。ただし、ここでゆうところの温故は、感傷的な懐古主義のことではなく、過去より未来へ連なる伝承による発展的展望の中に在る。現在人間が自然界で食物連鎖の頂点に在るのは、言語を筆頭に様々な文化や文明を幾世代にも渡り伝統とゆう伝達様式をもって社会に顕現化し継承保持し発展させてきたからであるといえる。

★★た行★★

伝統はその伝達要素により伝統形態に分類することができる。もっとも身近な伝統形態としては、家族における習慣、地域における風習が挙げられる。習慣は、家とゆう観念が薄れ、核家族化して家族が個人主義化した現代においてはあまり機能していないようだ。むしろ、マスメディアによる流行が主導権を奪いつつある。風習は地域特有の生活様式の暗黙の決まり事であり、それに背いたものは村八部とゆう制裁を受け、その地域での生活が困難となる。だが生活基盤が都市周辺に集中している現代日本では、地方の過疎化が進行しており地域特有の風習の言葉である方言は画一的な標準語に淘汰されて廃れ、村祭りのみにその地方特有の風習を留めているとゆうのが全国的な傾向といえる。さらに高齢化による風習の後承者不足は深刻な問題だ。

国家規模の伝統形態となると、伝統様式はより普遍的な精神世界の宗教、芸術、学問の世界が主体となり、その形而下の社会的具現化として祭事や政治が為されてきた。中国哲学の影響を受けた季節の変わり目の邪気を祓う節分や仏教と風習との混合である盆踊り、神道系の祇園祭りなどが挙げられる。政治においては過去の政治理念を保持しようとする伝統に固執する政治姿勢の保守派、未来へ向けて新たな政策転換を打ち出す政治姿勢の革新派にと分類することができる。

伝統様式は形而上のものほど適応空間は大きくその継続時間は長い。形而上に連なる精神世界の伝統様式の宗教、芸術、学問等の伝統に重きを置く伝統形態は、伝統宗教、古典芸術、古典科学などと呼ばれ、それ対しこれからの発展を強調するものは、新興宗教、前衛芸術、先端科学などと呼ばれている。ただし伝統の基盤のない新興宗教、前衛芸術、先端科学は瞬く間に崩壊し、伝統にしっかり根づき生きたもののみが発展して次世代の新たなる伝統となる。言い方を変えると伝統を離れて発展はなく、伝統にしっかり根をはり未来へ向かうもののみ生き残り新芽をつける。

しかし伝統に固執し過ぎると未来を閉ざした硬直した命の臨場感のない干乾びた形式主義の中でドクマ化し形骸化して原理主義に陥り社会的に不適用化する。伝統の継承者とは、過去の幾多の試行錯誤の中で淘汰洗練されて見出された正しき道の管理案内人であり、それに対する先駆者とは、正しい道の継承者であると同時に、未来へ向かう新しき道の開拓者であるといえる。歴史における形而上の伝統の継承は、この両者の絶妙な連動においてのみ初めて生きたものとなる。その両者の形而上的継承の審判者であり、歴史における主軸の主導なる存在者とは、キリスト教において啓示されている時間と空間の統治者である三位一体の唯一なる神である。それは永遠無限なる「神の主宰」あるいは「神の摂理」と賛美されている。伝統とは、歴史の不可視なる形而上の主軸を日常の生活の場において様々に形而下に具象化して顕現させていく匠の技の結晶であるといえる。そして神不在の人間至上主義的に歴史を眺めた時に見えた栄枯盛衰の無常に満ちた人間の営みや、社会や人生において存在する理不尽で不条理なる事実は、時空を超えた永遠無限の神の統治において見直すと、不可解だった歴史の事実や未来の展望は照らされて、奥に秘められた真実の意味が徐々に明らかにされていくのである。

★★た行★★

◆天命とは何か◆

＊今の自分を考えること…………鈴木　康央

「天命」とは、「運命」や「必然」といった言葉と非常に近い内容をもつ語であると思うけれども、私はさらにそこに「その意味するところを考える」ということを付加したい。

音楽で譬えるなら、ベートーヴェンの交響曲のような、人間が自ら切り開いていくというアグレッシブな「運命」ではなく、シューベルトの最後のピアノソナタに喚起されるような無為の境地を享受すること、とでも言おうか。

歴史書を開いてみると、あちこちで悲惨な戦争、陰謀が目に入ってくるし、日々のニュース報道でも、残虐な事件ばかりが耳目を驚かす。

「なぜ私がこんな目に遭わなければならないのか」と、被害者はその不合理、不可解な運命に天を呪うことも多いだろう。「たまたまそこにいただけなのに」と、どうしても「必然」とは考え難く、我が身の不幸を嘆く。時には加害者も同じ心情を抱くこともあろう。

★★た行★★

事件の当事者たちがこう言うのは当然であり、またその心痛に対しおざなりな慰みなどかえって失礼だとも思う。しかし敢えて、その事件の意味を考えることが当事者の、また非当事者（残された者）にとっても大事なことなのではないかと言いたいのである。それが「天命」を知ることであり、「自分とは何か」「人間とは何か」を知る足掛かりになるとも思うからだ。

ヒントは自然の中にたくさんあると思う。なぜ朝が来て夜となるのか。なぜ冬という季節があるのか。なぜ豊饒にして恵みの海が、時に豹変して多大な生命を奪ってしまうのか。いやもっと身近で、庭の植物や昆虫を観察するだけでも、不思議がいっぱいある筈だ。

こういった事象の意味することを深く考えてみること。・・・しかし答えは出ないであろう。なぜならそれは人智を超えたものであるから。「天命」であるから。けれども、人間が天命を知ることなど無理なことだということを知ることが第一であり、その上でさらに考え続けるところに意義があるのだと思う。

「朝が来て夜が来るのは、地球の自転が・・・」と解説して満足するのは、事故死の原因を「出血多量です」とその家族に告げて納得させるようなもので、何の役にも立ちはしない。しかし現実、一部の科学者やいわゆる知識人の中にはそういう合理的科学的解説こそが唯一絶対であり、それが出来る人類には「天命」など不要であると考えている人間がいるのも確かである。

「原因」と「理由」は似ていて大きく異なるものである。人の死など、原因で言うと、つまるところ皆心臓停止ということになる。だが理由で考えれば、過労死だとかDVだとか、さらに深めていけば人間関係におけるしがらみということになり、決して単純に（科学的に）説明できるものではない。

「天命」を知る（そう努めること）とは理由を考えることであり、結局、今の自分はどうしてこういう自分であるのかと思索することに他なるまい。

＊ 天命とは大いなる肯定である

…………浜田　節子

天命とは否定しがたい肯定である。誕生から死に至るまで、人は自分を自覚し、その人なりに努力して自分の道を切り拓いて行く。人であれば思考し、煩悩を出来うる限り否定し、目標を定め、至高を目指す。人の一生は定められたものではなく、定めるべく上っていくのだと熱意を持って人とも己とも戦い続ける。しかし人は有機物質であるが故の劣化を避けられない。酸化し、腐食していく過程での支障は人の意志をも蝕んでいく。《こんなはずでは》という疑念は、やがて肯定せざるをえない状況へと変化していくこともある。歳月の営みは自然であり否定の余地がない。

将来（未来）に対し夢を見ることは万人に与えられた人としての権利である。トップを更新していく人類の偉業は、人の成しうる功績として記録されていく。思考の複合的成果による発展、身体能力の汗と努力の結晶などは、大きな評価を得て歴史を塗り変えていく。

しかしどんなに大きな発展も、大きな災害によって崩壊してしまう危機との共存である。肯定しがたい災害がもたらした多くの犠牲者の死。不可能を可能にする努力、日常生活の安穏が一瞬怒涛の如く崩れ去っていく悲劇。それらを《天命》と納得しうることは慙愧に堪えない。

人が人として生きる権利と義務。社会の構成は生産と消費の仕組みを潤滑にすべく配慮する。しかし総ての機能が向上していくとは限らずその歪に追い込まれていくこともないとはいえない、いわゆる不況、不景気は多くの人を苦しめ、有能な人材を見逃している。こうした不平不満は平等であるべき生活に影を落とし、年間三万人を越える自殺者を出している状況に天命という言葉でくくることは承服しがたい現実である。

天命とは妥協や諦念ではないはずである。しかしどんなに否定してもやがて来る《死》という現実によって、天命は一つの終結を見るのかもしれない。

最終的、決定的な肯定を「天命」と名づくのだと認識している。

＊天命とは万人に降り注ぐ神の啓示である …………山下　公生

天命における天とは、地と一対の中国哲学の概念である。中国では歴史的に現世の世界である地は儒教が主流を担い、人知や五感の及ばない天の世界を易経が担当してきた。そして儒教と易経が連帯して皇帝とは、天の認可証である天命を唯一授かった天帝であると宣言し、天命思想は中国の歴代皇帝にカリスマ効果を与える役割を担い、封建主義の護教的役割をなした皇帝お抱え学問の儒教の要石となり、紀元前三〇〇〇年の殷朝より、近世最後の清朝に至るまでの政治体制であった封建主義の思想的中核として存続した。この天命思想は、古代日本に伝わり天皇の天孫降臨の神話に繋がり朝廷の権威を確立した。そしてその後、中世から近代にかけて日本を支えた思想の「非理法権天」として、明治に至るまでの法観念の中核を為したと思われる。「無理（非）は道理（理）に劣位し、道理は法律（法）に劣位し、法律は権威（権）に劣位し、権威は天道（天）に劣位する」とあり天道の指標である天命こそが政治の要であるとゆう思想である。つまり幕府が権力を握った中世において天命を授かるのは、幕府の最高権力者たる将軍であると解釈され、時代を連ねて歴代将軍にカリスマ効果による権威づけと根拠づけの役割を与える役割を担い、封建主義の幕府体制を思想的に支えてきたものと思われる。以上、中国発祥の天命思想は、中国と日本において最高権力者の根拠づけのためのカリスマ効果に利用されてきた。

この天命に類似した西洋の思想に王権神授説がある。その説とは、天命に該当する神の啓示を授かる者は教皇とされたので、その教皇の権威に王が対抗するために提唱した権威づけの思想である。それは、王権は神に授けられたものであるとし、これにより権力の権威づけを行い、民衆の心からの服従を目指したのである。この王権神授説を信奉し、民衆を先導した君主として、イングランドのジェームス一世やフランスのルイ一四世がいた。やがてその後、社会契約説が唱えられて民主主義が台頭すると王権神授説は衰退し、現代では無用の思想となり過去の遺物となった。

中国の天と地の概念は、世界の古今東西にその類似した概念を発見することができる。東洋哲学における、ヒンドゥー教のブラフマーとアートマン、仏教の空と色、両界曼荼羅など。西洋哲学においては、プラトンのイデアと現象、カントの物自体の直感的認識と現象の経験的認識、ウィトゲンシュタインの語り得ぬものと事実の真理関数、そして科学における仮説命題の演繹法の論理結果と実験結果の帰納的帰結との整合性などである。概要すると、天とは、五感で捉えられない形而上の存在を表し、地とは五感で体得できる形而下の現象を指している。要するに世界の古今東西において発見される「天・地」に類似した概念群は、実存とは形而上の存在と形而下の現象とが表裏一体として存在していることの象徴の現れであるのかもしれない。

天と地における天命は、一対で互いの相乗効果により進行している。この天命とは、最高の存在である天からの地への顕示への命令を意味しているが、キリスト教においては、天と神とは同義語ではない。天は地と同様に神の被造物に過ぎない。そうなると、キリスト教における天命とは、地に対し上位である天からの命令ではなく、時間と空間のすべての存在を超越した神から天地を介して発せられる人への啓示である。その天命のキリスト教における意味とは、形而上の存在と形而下の現象とを相乗した神から人への呼びかけである。そして現代における天命の意味とは、最高権力者のみに授けられる特別な天の命令などではなく、すべての人に降り注ぐ神からの啓示であり、それにより万人が命の意味を悟り、世界が神と共に、「自他共栄・共存共栄」の中で繁栄し永続することである。

◆道理とは何か◆

＊真理探究の道

…………… 鈴木　康央

「道理」の「道」（みち）という字に、真理を探究する東洋的なアプローチを感じる。真理（これを「宇宙の法則」と呼んでもいいと思うが）というものは創世と同時にあるもので、人類がそれに成功するかどうかはわからないが、とにかくそれを発見するべく努力する対象としてある。

これに対して「論理」というものは非常に西洋的というか、人間が作り出した、それゆえ人間中心の極めて人工的

★★た行★★

なものに思える。このアプローチは、真理が先にあってそれを発見するというよりも、合理的思考で構築していって、完成された塔の天辺を真理と定義することを目標としているものではなかろうか。

言い換えると、「道理」はできる限り我を捨て、鏡が如くに森羅万象を受け入れることによってそこに「道」を見出す。つまりは直観によるところが大きい。

一方「論理」は先ず我有り。そこから出発して個々の現象を眺めて仮説を立て、それを検証することによって一歩ずつ法則を構成していく。すなわち思考がすべてである。

というわけで以下、道理的なものと論理的なものをいくつか対比して並べることで考察したいと思う。こうでもしないと、「道理」そのものを定義することなど不可能に近いから。甚だ独断的であることは重々承知の上で書かせていただく。


「信仰」は道理的で「宗教」は論理的である。

「アナログ」は道理的で「デジタル」は論理的。

「君主政治」は道理的で「民主政治」は論理的。

「ネアンデルタール人」は道理的で「クロマニョン人」は論理的。

「絵画」は道理的で「言語」は論理的。

「師弟制度」は道理的で「学校教育」は論理的。

「運命」は道理的で「革命」は論理的。

「敵討ち」は道理的で「死刑判決」は論理的。

「猫」は道理的で「犬」は論理的。

「鍼灸」は道理的で「手術」は論理的。

「もち」は道理的で「ケーキ」は論理的。

「和弓」は道理的で「アーチェリー」は論理的。

「デュオニュソス」は道理的で「アポロ」は論理的。
「春」は道理的で「秋」は論理的。
「日本刀」は道理的で「狙撃銃」は論理的。
「俳句」は道理的で「漢詩」は論理的。
「桜」は道理的で「菊」は論理的。
「肉体」は道理的で「精神」は論理的。
「死」は道理的で「愛」は論理的。

★★た行★★

＊　道理は静かなる約束である…………浜田　節子

「無理が通れば道理は引っ込む」という。道理は万人の認める納得のいく理由であるが、無理は横車と称されるような理不尽な手法をいう。納得できないけれど、結果その手法で事を治めてしまう場合である。

Aという状況からBという状況に移行させる際、道徳的にも正しいプロセスを踏み、事を為しえることを道理に適ったと言うのではないか。

道理という言葉が表に出る頻度は低い。なぜなら、道理という筋道、理由は現象を支えるものであって、現象、つまり目に見えないからである。結果（現象）を認識したとき、《これこれこうだから》という表に出ない複合的条件を言い立てることは稀である。日常的に学習される暗黙の知識や情報、その集積によりはじき出される論法が常識と呼ばれる道理だからである。

道理の多くは家庭や社会で暗黙裡に身に付けていくものであるけれど、その環境の不具合により間違ってしまう場合も無いとは言えない。自身の誤った思考が誤った道理を正当化し、その発展が事件になることもある。容疑者の供述に愕然と耳を疑うような道理がある。道理は無理と堅く結びついている、そう思わざるを得ないような不条理。

一般に良い子は道理をわきまえた子であり、道理を外した行動をとる子供は悪い子と識別される。道理を教えるのは家庭、社会、教育の場である。道理は社会を正常に動かす要である。ただ頭脳明晰が道理にも高い見識を有しているかといえば必ずしも肯けないことがある。それは勝者の驕りであったり、各種の旺盛な欲情から正しい道筋である道理を軽々踏み外す猛者もいないとは限らないからである。ずる賢く信じがたい外交手段なども驚くべき成果を上げ、道理に従う国を脅威に陥れる政策を平然と押し進める国もある。

道理は平和的だけど、道理を外す無理には横暴な自由（悪）が潜んでいる。

道理は人として守るべき静かなる約束である。

＊道理は人類が生き残るための黄金律である…………山下　公生

野生動物は本能に従い、弱肉強食の自然界の法則に則り、地球の食物連鎖のシステムの中で生きることが自然の姿である。だが人間が自然界で生き残ってこられたのは、ひとえに道理の中核である黄金律の法則に従ってきたからに相違ない。何故なら、２００万年前の自然界に登場した人類は、自然界で無力な存在であり、弱肉強食の法則では、到底現在まで存続しているとは考えられない。

巨大な恐竜も、マンモスすら襲ったとされる肉食獣のサーベルタイガーも、人間とは比べ物にならないほど強靭な肉体と強力な武器を備えた生物であったが、それらすべては絶滅した。そして今では自然界の食物連鎖の頂点に弱者の人間が君臨している。神はすべの生き物に生きるための恵みを与えられたが、人間には、鋭利な本能的判断の代りに、漸進的で普遍性高い思考力を、そして相手を圧倒する強靭な肉体と神経の代りに器用な肉体と相手を思いやれる繊細な心を賜った。人間はこれらの賜り物を大切に育くんだ。人類が生き残るために獲得した弱肉強食の法則に代る新たなこの法則を道理と呼ぶことができる。

この道理の獲得過程は、まず神在りの伝統の西洋においては、形而上の神より啓示的方法により形而下の人間へ伝授され、人道主義的道徳観の東洋においては、形而下の人間社会のなかで思考錯誤を重ねて編み出された人間関係を円滑にするための経験則といえる。

★★た行★★

キリスト教における道理といえば、神より賜ったとされる「十戒」に見いだすことができる。この戒律の幕開けは、神への揺るぎない信頼を誓う信仰宣言に始まり、後に続く神の命じた人間同士の規律部分が道理あたる。具体的には、親孝行を為し、盗まず、騙さず、淫欲をなさず、殺人をするなである。この十戒の道理の命題は、古今東西において共通する普遍的な命題である黄金律である。

仏教における道理は、神の命令に従うと言うより、因果応報の考えであり、道理に反する行為、即ち悪い行いは、悪い結果として自らに帰るので、「悪い行いを為すなかれ」と諭す親心と言える。また、道理を犯す根源である煩悩の滅諦も重要な要素である。

道理の命題形式を追求すると、「汝、何々を為すなかれ」なる戒律型を裏返した推奨型の、「汝、何々を為せ」なる定言命法の形式が、より日常的に使用される。例えば十戒の「嘘をつくな」は「誠実であれ」であり、「我欲のために盗むな」は「困った人に与えよ」となり、「憎み殺すな」は「愛し生かせ」となる。また、「淫欲を起こすなかれ」は、「兄弟姉妹の如き心情を持て」となる。

古今東西において、道理の中核である命題の黄金律が普遍的で一致するのは驚きであるが、いずれにせよ、道理は人類が生き残るための黄金律であるといえる。

この道理の黄金律は、根源的かつ普遍的な命題であるが、道理は、日常的生活を円滑にするための道徳や礼儀作法等の所作形式を意識して使用されることもある。これらは、儒教の教えにその根源をもつものが多い。挨拶を交わし丁寧な敬語を使用することで、不要な争いの芽を摘み取り、老人へ敬意や親孝行への推奨をすることで、弱肉強食の理に暗黙の反旗を掲げる。また仁と義を重んじる気風が、詐欺や殺人へ発展する危惧のある荒廃した精神的風土への整地効果となる。以上これらは、道理の黄金律の下部構造を支えるものであり、日常生活における反復効果により黄金律の浸透化の効果を上げているのである。

現在、人間が自然界における食物連鎖の頂点で存続できているのは、ひとえに神からの賜物である道理の黄金律のおかげであることは、常に肝に銘じておきたいことであり、「黄金律を賜った神への感謝を忘れることなかれ」の因果律を超越した定言命法ことこそ、黄金律の最も重要なる命題であろう。

◆独創性とは何か◆

＊個性に咲いた花 …………鈴木　康央

こと芸術に関しては、21世紀の今日、はたして独創的作品など生まれ得るのだろうか、と常日頃思っている。

インターネットをはじめ様々なIT革命によって、今更言うまでもないことだが、世界の時空の壁は取り除かれつつある。隣町の友人と会って話をするより速く、地球の裏側の事件が画像で見られる時代である。文化面での国境は、政治的圧力が極めて強固でない限り、ほぼ無くなったと言っていいだろう。

各民族、各国の固有文化、伝統文化は今後ますますグローバル化していくだろう。それは同時にその土地に根付いた独自性が除去されていくことをも意味する。

食文化などその最たるもので、元々一民族の中の食卓に載っていたものが、今や世界中の家庭で、その舌感覚に応じて適当にアレンジされて食されている。そんなアレンジを独創性とは呼べまい。むしろ元の一民族間だけで食されていた時こそそう呼ぶに相応しいように思うのだが、先述した通り、今やもう遅しの感。

このことは美術や音楽の芸術、その他あらゆる文化についても事情は変わらぬように思える。つまり極言すれば、もはや文化面において独創性など発揮できない時代になってきたということ。

個人的創作活動を見てもわかることだ。何か斬新なアイデアが浮かんだとしても、ネットで詳しく調べてみると、たいていすでに似たようなものが出ている場合が多い。そもそもそうしてネット検索に多大な時間を費やしているうちに、頭のどこかで無意識にインプットされたアイデアが、何かの拍子にさも独自のひらめきであるかのように浮かび出るということも少なからずあるのでは？

★★た行★★

さて、独創性を発揮するのが非常に困難な時代になった、ということを第一に主張したかったわけだが、それではテーマの「独創性とは何か」に対する答えとはズレがあるので、その本題をここで考えてみようと思う。

ピカソの絵画でもミケランジェリの彫刻でもシェークスピアの戯曲でも何でもいいのだが、ここはベートーヴェンの音楽を例として取り上げることにする。

彼の作品は当然初期の習作から成熟の中期、精神の抽出液のような晩年の作品に至るまで変化しているけれども、どの曲を聴いても「ああベートーヴェンだ」とわかるものがそこにある。体臭のように滲み出てくるものがある。それが即ちベートーヴェンの「個性」だろう。しかしそれはベートーヴェンらしさ、ベートーヴェンぽさであって、どれもが独創性豊かな作品とは言えない。そんな中で、言わばベートーヴェンという作品の森の中でも一際輝く何本かの木—例えば「第三」「第九」シンフォニーや「ワルトシュタイン」「クロイツェル」といったソナタ。また後期の弦楽四重奏曲などは、彼の中で何か弾けたような画期的な作品である。そしてそれらはまた音楽史上においても事件と呼んでもいい作品でもある。こういう作品こそが「独創性」ではないだろうか。

言うならば「個性に咲いた花」のような作品。しっかりした個性という土壌あっての花という意味で。

な行

◆納得とは何か◆

＊腑に落ちること…………鈴木　康央

「わかる」とか「理解する」というのは、どうも頭の中だけでうまく整理したという感じで、「納得」というのと少し違う。何か足りない気がする。

そこで思いついたのだが、「納得できない」ことを「腑に落ちない」という表現がある。この「腑」こそがからだの中心、ここに「落ちた」時こそが真に「納得」することではなかろうか。

この「腑」という言葉、辞書で見ると「はらわた」と「こころ」の二つの意味がある。特に古来日本人は「こころ」の在り処を「腹」と考えてきた。ことわざや慣用句にも「腹を立てる」「腹に据えかねる」「腹を割って話す」「腹に一物」など、心の状態を「腹」で表現したものが数多くある。侍が「切腹」したのも、自分の潔白な心を開示するという意味もあったろう。

剣道や柔道あるいは茶道なども含め、日本伝統のいわゆる「道」においては、その動きの中心を下腹部、即ち「丹田」に置いている。丹田に気を溜めることによって精神が安定し、動作もスムーズに流れるようになる。不安や恐怖心から解放される。つまりは覚悟ができるということだ。頭ではなく腹で決めるのである。

ちなみに「五臓六腑」とは、心臓、肺臓、肝臓、腎臓、脾臓の五つと、大腸、小腸、胆、胃、三焦（『みのわた』ともいい、はらわたを上・中・下の三つに分けた総称）、膀胱の六つを合わせて言うものであり、そこに脳など入っていない。

「脳」など、本来たいしたものではないのではないか。生命発生の起源経過を見ても、脳が登場するのは大分進化してからのことだ。しかし腸の原形はミミズやヒルなどの環形動物にすでに見られる。口から食物を取り入れ肛門から排出しているわけで、その際必要なものを取り入れ不要なものは摂取しない。そうしているうちに、同じ取り入れるならより心地よいものを選択するようになっていったものと思われる。これこそが「好み」の起源であると言えばしないか。「好み」をもう一磨きすれば「感情」が誕生する。つまり「こころ」の作用というのは脳から始まったのではなく、元来「腹」から発生したものと考えていいのでは？

閑話休題。要するに「納得」とは「腑に落ちる」ことで、からだを通して心底「わかる」こと。具体的には、例えばスポーツ、野球なら打ち方を教わって理解しただけでは意味ないのであって、実際思い通りに打てて初めて納得するのである。

しかるに現代は、頭で理解することを「納得」することと見なす傾向が強く、教育の現場においてもその方向に一直線という感じがする。パソコンを使っての授業などその最たるものだろう。これは何でもデジタル化してしまうことに原因があると思う。デジタル化によって、確かに情報の量とスピードが飛躍的に高まった。しかしデジタルはあくまで頭での処理。一方、アナログは腹での感得、人の心のままにあるものだと思う。

渋沢竜彦が「時計はぐるぐる回転する針を見て時間を感じるものなのに、デジタル表示の時計など数値を知らせるだけで全く実感がない」という大意のことを何かに書いていたのを思い出す。私はこれをデジタル化した情報ばかりを追っていても、それはけっして有機的な理解、即ち「納得」には至らないということを譬えた金言として捉えたい。

＊ 納得とは心の底からの合意である

……………前川　幸士

20年くらい前からであろうか、「インフォームド・コンセント」という言葉が使われるようになった。今では日本語として定着していると考えられる。英語の"informed consent"をそのままカタカナに置き換えただけの外来語である。

これは、アメリカ合衆国で生まれた考え方で、「充分な説明を受けた上での同意」あるいは「正しい情報を伝えられた上での合意」を意味する概念である。一般的には、医療関係の用語として用いられ、医師と患者の関係の中で、投薬・手術・検査などの医療行為や治験などについて、患者や被験者などの対象者が充分な説明を受け、正しい情報を得た上で、よく理解して、対象者が自らの自由意思に基づいて医療従事者と方針において合意することというくらいを意味する。英語の"consent"とは「合意」を意味する語である。"informed"正しい情報を得て充分に理解した上でという意味であり、単なる「同意」だけでなく、説明を受けた上で治療を拒否する権利も含まれる。

このような考え方があり、その概念を表す語彙があるということは、彼の国で医療をめぐる訴訟が非常に多いという背景があると考えられる。もっとも、医療に限らず、この国ではあらゆる場面で訴訟が多いようである。曖昧な状態のまま話が進んでしまう日本とは異なる。訴訟が多いことはさて置き、行為者と対象者で充分な意思疎通があり、相互理解が得られているということは、人間社会のコミュニケーションの在り方としては、理想的な形態であると考えられる。つまり、両者が相互に納得している状態が実現しているということになる。

ただ、このような英語の音をそのままカタカナに置き換えただけの外来語の在り方が問題視されるようになり、また、当時の総理大臣が「町内会のみなさんがわかるのか」と苦言を呈したこともあって、２００３年4月に国立国語研究所の外来語委員会が、「納得診療」という表現を提案した。しかし、結局、この表現は日本語として定着しなかった。その理由は、「納得診療」という言葉が"informed consent"の概念を正確に言い得ていないかったこと、「納得」という日常的に使用する言葉のニュアンスが、医療というフォーマルな場の雰囲気に馴染まなかったことなどが考えられるが、何よりも、元来は仏教用語である「納得」という伝統的な言葉が、西欧の新しい概念を表す言葉として適切ではなかったと推測される。

「納得」の語源を遡ると、仏教用語であり、得度式を納めることをいう。「得度」とは度を得ることであり、一般的に今日では僧侶となることを意味するが、仏教徒になること、すなわち仏の教えを守ることを自分の生きる道として選択したこと、死を理解したうえで生きることになる。さらに、深読みすれば、仏教あるいは仏教用語の持つ「死」のイメージが、「生」を目的とする医療に馴染まなかったのかも知れない。

いずれにせよ、日本にまったく馴染のない新しい概念である"informed consent"に適切な訳語をつけることはできず、そのまま「インフォームド・コンセント」として定着したのである。結局、曖昧な日本では、その意味がよく判らないまま使われている。「同意診療」くらいのニュアンスで使われているのである。しかし、よく考えれば、"informed consent"の原義も「同意診療」くらいではないだろうか。

「納得」とは、他人の考えや行動などを充分に理解して得心することと、心の底から合意することであるが、これは理想的なコミュニケーション関係である。「納得」など、日本でもアメリカでも少ないこと、在り得ないことなのかも知れない。

◆ニヒリズムとは何か◆

＊わたしの虚無主義……………浜田　節子

虚無主義というものを考えたことがないけれど、わたしの中にある虚無主義をあげれば完全無ではなく、何か悟りにも似た永遠にたどり着けない珠玉の境地が遥か彼方、見えないほど遠くにあり、それをどこかで感じている。しかし、そこへ行くことは絶対に無理であり、望みは絶たれるほかない。この感覚であり、主義というほど強いものないかもしれない。

自己の現況と、真理の核ともいうべき境地の距離を埋めることの困難さ、すなわち絶望である。その時に感じる空漠、果てしないほどに何もなく手がかりを見つけることができない焦り、そして投げやり・・・この感覚が「わたしの虚無」といえるかもしれない。

一日は、朝起きて自分が予想するよりも早く過ぎ去ってしまう。思い描く時間と現実の時間との差異は気づけば矛盾があるにもかかわらず、絶対的な時間の流れに従順にならざるを得ない現実。その落差の隙間に虚無が入り込むと、すべてが虚無に変換されてしまうような錯覚を抱く。

虚無は現実の否定なのだろうか、何もかも否定してしまえば残るものはない。しかし人は現実に生きているし、生きざるを得ない宿命を負っている。すべての否定は自身の否定につながるので、結果、死を渇望するようになる。それをもって虚無というのは無謀ではないか。

テロにおける殺傷、そして自爆。それらは真のあるべく未来を目指しているのだろうか。自分を犠牲にするという考えは虚無に通じるだろうか・・・。

人は生産し消費するというシステムを生きる、この中に虚無という亀裂が生じた場合、破綻や支障を免れることはできない。これは悪の領域に括られてしかるべき現象である。

正しい虚無などというものはあるだろうか。虚無僧という修行の形がある、精神を無にし悟りへ向かう行為は世界のあり様と自己との接点を厳しく深慮させるかもしれない。何もかも空しいと否定的になる虚無とは一線を画している。しかし、身をもって虚無を由とする覚悟は至高を目指すかもしれないが、生命維持の生産、社会との共通ルールから外れてしまうのではないか。

わたしの虚無主義は背中にある。あるかもしれないが、ないかもしれない。曖昧さこそがわたしの虚無主義の正体である。

★★な行★★

＊　ニヒリズムとはロシアにおける社会発展の原動力である　…………前川　幸士

ソ連邦が崩壊してから4半世紀が経とうとしている。ソ連邦は20世紀の4分の3に相当する期間、マルクス・レーニン主義の政治思想に基づき、共産党による一党制国家として統治されていた。社会主義による計画経済の国家は、世界に覇を唱える存在として展開し大きな影響力を持っていた。しかし、それは、あまりにも唐突に、あっさりと解体してしまった。

ソ連邦の社会主義国家体制と計画経済は、マルクス・レーニン主義の思想によるものであり、その思想はソ連邦で生活する人々の共通の価値観でもあった。宗教はアヘンであるとして否定してきた社会主義国では、社会経済思想であるマルクス・レーニン主義の教義が、宗教的なニュアンスで受容されていた。1990年代初頭、ソ連邦の崩壊と同時に、マルクス・レーニン主義の教義も否定されてしまった。そのため、宗教に心の拠り所を求めた人々も少なくなかった。ロシア正教を求めた者はある意味では救われたが、ロシアの経済困難とともに諸外国からも流入したカルト教団に関

★★な行★★

わった人々はより不幸になった。

ロシア経済が極端に悪化したため、多くの人々はペレストロイカ時代から一部で導入が図られていた市場経済を求めた。しかし、資本主義や市場経済の概念を知る人は少なく、これらの概念は誤解されて受容されていた。端的にいえば、資本主義社会は利益のためには何をしても許される社会として認識されていたのである。人々は、社会主義とともに道徳観を喪失したかのようであった。ある意味、この国の人々はニヒリズムに陥ったということができる。

ロシアにおけるニヒリズムといえば、この国を社会主義革命へと導いた19世紀後半のロシアの革命組織を支えた思想および態度でもある。これは、既存の価値体系や権威をすべて否定する概念である。やがて、これがナロードニキ運動へと展開していったと、歴史の流れの中では考えられている。

また、ロシアには伝統的に法ニヒリズムという概念が存在する。これは法律概念の不明確さに起因するものである。ロシアでは伝統的に、法治国家、権力分立の原則は確立されておらず、法律概念もまた明確なものではなかった。法よりも権力や権威が上位にあるように考えられてきた。法に価値を認めず、軽視する風潮が強いのである。権力者は法を無視して恣意的に権力を用い、被支配者層も上からの命令に従いながら、内面的な規範意識はなく、法の網の目をかいくぐっているということである。つまり、法は絶対的な価値体系ではなく、絶対に信用できるものでもなかったのである。

ニヒリズムでは、すべての事象の根底に虚無を設定し、人間の存在には意義、目的、理解できるような真理、本質的な価値などがないと考える。これが、既存の価値体系や権威をすべて否定することにつながるのである。ツァーリと呼ばれる皇帝を君主とした厳しい支配体系によって、支配されてきた人々の間で育まれたこのニヒリズムがロシアの伝統的な思想であり、ロシアの人々の態度や立場であるならば、ソ連邦崩壊後のロシアの人々を支えたのもまた、ニヒリズムであるといえる。つまり、旧ソ連邦においては絶対の価値体系であり、最高の権威であったマルクス・レーニン主義の思想体系を否定し、その価値と権威を拒否することで、社会主義体制の崩壊という危機を乗り越えようとしてきたからである。さらには、革命直後のソ連邦を支えたマルクス・レーニン主義の思想もまた、その前代の権威つまりツアーリズムの否定としてロシアの人々に受容されたのかも知れない。
このように考えると、旧ソ連邦の諸地域、スラブ文化圏では、ニヒリズムは前代を否定し、その上に新しい時代を形成しようとする態度であり、これによって社会は弁証法的に進化、発展させようとしてきたと考えられる。つまり、このニヒリズムこそが、ロシアおよびソ連邦の社会発展の原動力となったといえる。

＊ ニヒリズムとは光を閉ざした病んだ魂の幻想である

……………山下　公生

ニヒリズムの創始者のニイチェは高らかに叫んだ「神は死んだ」と。だが実際に死んだのはニイチェの魂であった。つまり、個室に閉じこもり独断のカーテンを閉め、天上の朝日を遮り、太陽は消えたと彼は叫んだに等しい。最終的には神の存在を否定した彼だが、世俗に塗れて神の存在を認知できない者、あるいは頑なに天上の存在に目を向けない魂の硬直した人間たちより、当初はまだましな方だった。それは彼が当初、神の存在を認知出来た者だったからであるである。ニイチェが神の存在を否定した意味とは、神の所有物であるすべての究極的な絶対価値が否定され、その延長線上にある客観的で普遍的な価値観、美意識、道徳観念、善悪判断、人生の意味、最善の社会理念、理想的世界観などのすべてが存在根拠を失い、この世のすべてが無意味で無価値となることである。要するに生きる意味や価値を見出せない霊魂を喪失した土人形となったのである。（創世記2章―7　神が土人形に息を吹き入れると、人は生きた者となった。）これが神に反逆した者の成れの果ての姿であり、無神論のニヒリズムは、その格好のサンプルといえる。

ニヒリストに何故、殺人は悪なのかと問えば、「法律で罰せられるから」と杓子定規に即答する。彼らニヒリストは、すべて自分の利得勘定中心に生き、さらに悪の本質を洞察することもない。その上、良心の呵責という意味すら理解できない。つまり、公平な絶対的判断者である神を否定した無神論者のニヒリストは、思考や感情のすべての判断が自分中心であるという必然的帰結に至るのである。これは神の存在に無関心で、法の支柱とゆうべき神の提示する黄金律の存在を知らない無神論者の多くに人間に該当することでもある。ニヒリズムには、客観的判断は存在せず、すべてが自己基準の損得勘定や快適と不快の感覚判断の範疇内である。究極的媒体的仲介者である神を否定した無神論者のニヒリズムには、究極の意味でのコミュティ手段が失われ、他者や世界へ発した言葉は、こだまのように自分へ戻り、神を否定した者は言葉を失う。（ヨハネ1章—1 言葉は神である）無神論者のニヒリストは、自分の世界から抜け出せない光のないブラックホールの闇の中の如く、（ヨハネ1章—3 光（神）は暗黒を照らす）魂は収縮していく。この闇の世界で生み出されるものとは、未来に絶望したペシズム（厭世主義）、社会の秩序に反感を抱くアナーキズム（無政府主義）、逆に社会的結束に異常な執念を燃やし、権力に絶対の価値をおくファシズムなどである。そして、自分にしか関心のない究極の個人主義である実存主義である。

東洋哲学の最高峰である仏教も無神論であるがニヒリズムに至らなかったのは何故か。それは仏陀が虚無の中の無常に「空」という存在を発見し、「法」という普遍概念へと進展させ、万象の道筋を見出したからである。また中国哲学者の老子は無の中に「道」の存在を発見し、普遍的価値の存在を見出した。これら「空」や「法」や「道」の概念は、東洋の文化に最大の影響を与え、東洋文化の主軸を形成していると言っても過言ではない。そして成熟した東洋文化には、微かに神の存在を見出すことが可能である。

さてニヒリズムの創始者ニイチェは、暗黒の虚無のなかで再度、神の光を受け入れることをひたすら拒み、魂を病み「超人」という幻想を生みだし、積極的ニヒリズムなどと叫び、麻薬患者の如く、その幻想は更なる進展を続けてついに精神病患者となった。そしてこの幻想は次の世代に引き継がれ、実存主義へと道はつながった。つまり、ニヒリズムとは、光を閉ざした病んだ魂の幻想である。

◆人気とは何か◆

＊過去に生きること…………鈴木　康央

人気とは一時的なものである。長く続くものではない。もし永続するのなら、それは人気というより絶対的権威と呼ぶ方が相応しいものとなってしまう。

一時的なものであることを大衆も無意識にせよ知っているからこそ、それに熱狂できるのである。熱狂を永続するなんてことは精神的にも体力的にも無理なことだし、もし本当にそうすれば、いずれその対象と心中してしまうことになりかねない。

この意味で人気とは流行とほぼ同義語と言えるかもしれない。一時的であるが故に美しい。瞬く美・・・桜や花火に譬えるのは少々大げさかもしれないけれども。

ここで立場を注目を浴びる側、即ち人気物ないし人気者へと移して考えてみよう。人気物、つまりブームとなった商品、言葉、動作、時には観光地ということもあろうが、これらはえてしてその衰退も早い。

物置で蜘蛛の巣に覆われて寂しく佇む健康器具。古着屋に売ろうと思いついて、押入れの奥から探し出した時にはもう虫に喰われてすっかり色褪せている一度しか着なかった衣服。酒席で若い者相手に、自分が学生の頃流行ったジョークをとばして白けた場。看板の外れかかった旅館とシャッターの閉まったゲームセンターが立ち並ぶ温泉街。・・・いずれも光が遠のいた後の姿である。

これらは非常にうらさびしい。荒涼とした砂漠よりもずっとうら悲しい。なぜか？　それはその影の中に過去の繁栄が見えるからである。現物よりも影の方が主張しているからである。

これが人間の場合だとどうだろう。人気者であった人間の後半生、彼、もしくは彼女は「私はかつて人気者であった」という勲章、名札を胸につけて余生を過ごすことになる。

かつてのアイドル歌手が時折カムバックを試みるけれども、昔かわいらしければかわいらしかったほど、再び人前に晒すその脂肪の増したからだ、目尻の皺に、かつてのファンは複雑な心境となる。物珍しさで当初は話題となるだろうけれども、丁度三十年ぶりの同窓会でかつてのマドンナを見る時のような気分であろう。その時、同時に自分の老いまで実感してしまうこともままあろう。

確かバルザックだと思うが、「希望は過去にしかない」というようなことを言っている。この言葉は人気者と言われた人々にこそもっとも当て嵌まるような気がする。彼らは過去に生きるしかないのである。

では人気者が永遠に人気者であり続ける手段はないのだろうか。ひとつだけある。人気の絶頂期に逝去することである。老いた醜態を晒すことなく、完全に引退してしまうこと、しかしそれは死によってしかありえない。ジェームス・ディーンやマリリン・モンロー、ブルース・リーといったスターたちは、その夭折によって権化となり、永遠に人々の心の中で生き続けることに成功した。

人気者は、希望を過去に持って生きるしかないのである。そうでなければ、未来に希望を持って生きようとカムバックし、「見事に返り咲いたわね」という周囲の同情と憐憫の言葉を、それと気づかずにまともに賛辞として受け取るほど鈍感な人間か、あるいはそのくらい老い呆けてからカムバックするしかない。

いずれにせよファンは、自虐めいた空虚を味わうことになろうが。

★★な行★★

＊　人気という魅惑　…………　浜田　節子

「人気がある」ということは、人のポジティブな羨望が重なるときに言う。真であり善であり美であることなど、あらゆる感情に訴えかけてくる高揚する気持ちが、一人のみならず多くの共感によって複数の支持を得る現象に対して「人気がある」と表現される。

人気の内実は、五感を通しての賛同・憧憬からくる心理的な動向なので、必ずしも人に限らず、映像、音、味、雰囲気など世界のあらゆる対象に向けられる印象である。

★★な行★★

人気の源は個人からの発信であり「ある」とか「ない」という尺度で測られる。自然に発生する結果なので、こころがうごくということがポイント（要）である。

ただ、主観は異なるので本来決めがたいものでもある。しかし、統計的なデーターの集積により人気度を計るということも今日では日常的である。メディアによって各自がさらに判断を下し、二次的にも広がりをみせることもある。人気・・・人の気はその条件によって動く。実際には目に見えないものであるけれど、それが物理的に働く場合も多々ある。つまり、人気は見えるものに転化されていくのである。そしてその動向によって世界も動かされていく。

人は欲しいものを求める。生活用品に始まるあらゆる欲求は、より良いものを求めるという人気に左右される。経済・流通は、人気によって支えられ動かされているといって過言ではない。生産者は、総てその人気＝需要に応えて、起動を促されるのであれば、人気が原点となっている事実は動かせない。生産者は、人気という指標に動かされている。そしてその人気は個人の意見の集結であるから、一人の人間は常に世界と繋がっていることの証明でもある。

アイドル志向のような熱狂が、大きな経済効果をもたらすことは一般に良く知られている。この構造が等しく生活の基盤たる生産・消費のサイクルなのである。人気にか価値があり、世界経済を動かす要である。ただ、人気は不動ではなく、常に変動を強いられる不確定な要素を内包している。戦争と平和・・・あらゆる人間の動向機微が影響する人心を人は予想することが難しい。

人気は現実に生きる人の声であるけれど、人は世情に大きく揺れ動く傾向にある。その心理を刺激するメディア。人気は自然発生を待つまでもなく、人為的にも作られていくいく。わたし達は人気という魅惑に洗脳されてばかりいてはならず、あくまで人智、人としての誇りある眼差しで人気の如何を見定め、人の気をマイナスに貶めるような流れは食い止めなくてはならない。

人気の対象が、平和的な憧憬であり続けることを望んでやまない。

は行

◆発想とは何か◆

＊教養というマグマの噴出 ……………鈴木　康央

何かを発想するには、「ひらめき」がなければならない。しかし「ひらめき」は発火プラグのようなもので、それだけではまとまった考えなり、構成されたアイデアには至らない。単なる思いつきでしかない。

発想には情報、知識そして教養が必須である。これらが頭の坩堝の中でマグマ状に沸々としている所へ、何か刺激を受けて「ひらめき」が発火し、そこから発想が噴出するのである。

その刺激となるものは、たまたま目にした文章の一節であったり、聴いていた音楽のひとつの旋律であったり、また散歩していて出会った光景であったり、あるいは風呂に浸かって心身とも宙ぶらりんの時だとか、ビールを飲み干して思考が空になった瞬間だとか、日常の何気ないひとコマであることが多分であろう。

ともかく、その何気ないものから発火してマグマが噴出するわけだが、その工程は次のようなものと思われる。即ち、何か偶然目にしたり耳にしたものが脳内に蓄積している記憶を刺激する。するとその記憶に関連する別の記憶がまた喚起されて瞬時に広がっていく。と、初めに覚まされた記憶とはまるで異なる分野の記憶が、時には複数同時に喚起されてお互い結びつく。こうした化学反応によってまったく新しいものが誕生する。それは、当初は夢のように辻褄の合わない不合理なものに見えるかもしれないが、意識を働かせて構成していくと、そこに具体的なアイデアが形成される。発想の過程とはこんなことがごく短時間のうちに脳内で起こるものと私は考える。

例えば、星を見ていて、いくつかを想像の線で結んでいるうちに何かのシンボル的な形が見えてきたりする。また、それは平面に見えているけれども実際は大へんな距離の奥行きのある立体図であることに気づく。そこから次元に関する何かを感じ取るかもしれない。それが論理的に構成されれば何かひとつのアイデアとなるやもしれない。

というわけで、発想の準備段階としてどうしても教養がいる。それも出来るだけ幅広い、多種多様な分野に通じている方が、それだけ予測不可能な記憶の衝突と融合を繰り返して、不思議な妙味なものが生まれる可能性も高くなるだろう。

だから日頃から様々なことに興味を持ち、色々な体験をして、発想の土台となるマグマを活動させておくよう心掛けることが肝要だと思う。

特に専門家と称する人たちこそ、専門外のことを広く学ぶ必要があるだろう。それによって発想から実用的な発見、発明へと展開していくのであろうから。

そして言うまでもなく、発想する脳は柔軟でなければならない。従って脳のストレッチが要求されるわけだが、それも結局は多方面に好奇心を持ち続けるということに結するだろう。

＊発想とは思考の花である …………浜田　節子

発想とは思いつき、ひらめきである。豊かであるとか、突飛であるとか言われる発想。発想そのものには善悪の境界がなく、悪知恵も発想には違いない。世に横行する犯罪の多くは、常識や思い込みの隙をついて騙すことを目的とし、意表をつく不当な稼ぎの手段となる。醜悪な発想には進歩も展望もなく、ただ悪という汚名が被せられるだけである。しかし、人の真意を衝くという点では巧みであり、発想には表裏があることに気づく。もちろん、人々の支持を得るものではさらさらなく、憎悪の対象に過ぎない。

発想は、いわゆる「主婦の知恵／おばあちゃんの知恵」と呼ばれる日常的なものから、宇宙空間における論理的発想に至るまで、あらゆる局面で様々な有効性を発揮する。現代の生活そのものが時代における利便性の追求による数多くの発想に支えられ成り立っている。人類の歴史は発想の積み重ねでもある。

日々の泡のごとくの発想は、思いつく時点では具体性がない。しかし、その案が物理的機能を果たす大きな発端になることは周知の事実である。時代は常に発想によって進化している。発想の試行錯誤が新しい時代を作るのである。

発想を生み出すという瞬間は、偶然が左右する。「失敗は成功の元」の例えもあるとおり、失敗の亀裂に光があたる現象ともいえるのではないか。つまり、日々の研鑽の上に各種データーが働き、答えを導き出す。そういう瞬間こそ発想は生じるのである。無から生じるのではなく、必然的な有（論理の積み重ね）によって生じるのである。

論理の積み重ねは必ずしも勉学によるものではなく、日常生活の中で自然に身につき、応用されることも多い。世界全体、人々が生き、暮らすことの中に常にヒントは隠れている。それを発見すること、それが発想である。発想は思考（空想）の花であれば、必ずしも実をつけることはないかもしれない。たとえあだ花であっても、いつも発想豊かに世界を見つめられたら素晴らしいと思う。

見るということを突き詰めていくと、実は世界は奇跡であることに気づく。そのわずかな隙間を凝視すると、不思議な光が洩れてくる。それが発想であり、花であると確信する。

◆比較とは何か◆

＊究極の比較とは神の天秤である…………山下　公生

ふたつの物体の「物量の大きさの大小を決定する」ということは、それらが比較できることを意味する。すなわち物体AとBの各物量を同次元の物量に換算すれば、物量の比較ができる。この場合、容量は数量、次元は単位でその大小を比較する。１次元の長さはメートル、２次元の面積は平方メートル、３次元の体積は立法メートル、の座標空間で示される。さらに物体の物理量（エネルギー）は、空間に時間を介入させた物理量の次元解析による等価式（物理法則）に基づく物理量で比較される。それらは様々な観点より速さ、力、圧力、熱量、温度、電力、磁力などの物理量として同次元において比較される。

社会生活における商品価値の比較に用いられるのは通貨単位であり、その価格の大小により商品価値が比較される。さらに自国の通貨価値と他国との通貨価値とを比較するものが為替レートである。この為替レートの変動が貿易収支に大きな影響を及ぼすのは周知の通りである。

音楽においては、その三要素である音階、拍子、和音を基にした観点より様々な音楽作品の優劣が比較される。絵画においては、色彩の調和、明暗の対比による光の調和、空間の緊張と緩和による構図の構成美などを基に作品の価値が比較される。俳句では溜め、切れ、余韻の響きに乗せて写実の寄物陳思よる啓発を喚起するものが重宝される。ただし、芸術作品の比較において最も重要なのは感性であり、理論は感性の後付けであることを認識しておく必要がある。

以上述べてきた様々な比較をとうして、大きな傾向が見えてきた。すなわち、現象を理性で捉える事実の比較に関しては、思考が中心であるため、普遍的な定格の比較基準が存在する。しかしながら、感覚、あるいは感情といった人の命を介して比較する価値判断においては、個性によるランダムな不確定要素が付きまとう。にもかかわらず、芸術鑑賞に秀でた人や、熟達者においては、判定基準のランダムさは影をひそめ、万人が納得する定格の判定基準を会得している。この時、形而下の事実の比較が、思考による普遍的法則により、定格比較が成されるように、形而上の価値の比較においては、「霊の存在」による定格判断がクローズアップされてくる。

この「霊の存在」が主役となる領域が宗教である。わが国では、カルト宗教も伝統宗教も十派一絡げで敬遠されるが、実態は床屋の数より宗教団体の数が多く、宗教嫌いの宗教漬けとゆう魔可不思議な現状なのである。そこでは、人々の無節制な信仰生活が浮き彫りとなる。結婚は教会で挙式して神の祝福をうけ、家庭生活は神社へ詣でて、家内安全・商売繁盛・五穀豊穣・大漁祈願などの御利益を願い、葬式はお坊さんに御経を上げてもらい、故人の成仏を願う。

まやかしの宗教もどきは別として、時代の風雪を超えて生き続ける本物の伝統宗教には、「霊の存在」がある。形而上の比較の判定基準には、この「霊の存在」が必要である。例えば殺人は、是か非かと問えば、理性は法で罰せられるがゆえに非であると即答するが、法が許せば是なのかは不明である。つまり、形而上の命題には理性は歯がたたない。要するに比較ができないのである。また、形而上の比較に形而下の比較基準を適応する無理にも誤謬が付きまとう。その最たるものが人間の価値の比較である。元来、人間の価値を比較すること自体がナンセンスなのであるが、そのことを認識できる人は少ない。まともな宗教生活をおくる人にとって、すべての人間の価値は、神のもとに皆平等であることは極めて自明のことである。だが現代は、宗教音痴で霊の感受性のきわめて鈍い人たちが、人間の価値を財産の量や、社会的地位で、その優劣を比較する滑稽な醜態が社会に氾濫している。つまるところ、究極の形而上の比較基準には、人知を超えた神の息吹の霊的天秤が必要不可欠であることを実感するに至るのである。

◆夫婦とは何か◆

＊人類進化上の一形態……………鈴木康央

生物の個体数と種族維持のための生殖形態、という視点で考えてみようと思う。

下等あらゆる生物が、細胞分裂であれ受粉であれ受精であれ、何らかの形で自分と同種の個体を作り出している。下等生物ほど一時に大量に産み出す傾向にある。それは弱肉強食の食物連鎖の中で、その大多数が死滅していくことが計算されてのこと。逆に高等になればなるほど一時に産み出す数は少ない。生存競争の原理を考えれば当然の結果、みごとな神の配剤と思える。

さて人類に関して（他の高等な哺乳動物、また鳥類の中にも幾種か、同様に論じられるものと思うけれども）はどうであろうか。人類進化の歴史の中で、一夫一妻（いわゆる夫婦）制という形が一般化してきたのは、その個体数のバランスがある程度落ち着いてきた時期と一致するであろう。夫婦制であれば、桁外れに多人数を産み出すことはなかろうから。

近代史を見ても、地域・時代により一夫婦間の作る子供の平均数の変化がうかがえる。一番安定した地域・時代の子供数は二人。つまり二人の間に二人であるから全体的個体数はそのまま維持されるわけである。

では現代はどうか。平成20年の日本の一女性一生の出生率は1.37という。つまり二人の間に一子に近い状態。こ

★★は行★★

れもいわゆる発展途上国のそれと、食糧資源とのバランスによる自然の摂理であろう。また近年、離婚数そして未婚者の数が増加しつつある。その理由として生活の機械化、女性の自立化などがあげられている。しかし私が思うには、そういった理由がために未婚・離婚が増えたのではなく、自然の摂理がそういう時期、即ち人口減少期に来たので、その結果現象として夫婦形態が変化してきたのではなかろうか。

さて、ここからはいささかSFじみてくるけれども、人類の遠い未来について想像してみる。何千年先かの、あるいはもっともっと早いかもしれない、ある日。

人は、男女差のない個体として各々が満足する生活を送っている。象徴として一言で言ってしまえば、アンドロギュノス化した人生である。家事のことは科学技術が殆んどすべて代役を果たし、人は半分趣味のような仕事に携わっている。食事は日常的には栄養中心の錠剤あるいはドリンク。時折会合してレストランで自然食材による豪華な料理を楽しむ。

夫婦関係というものはもう存在しない。性別なしに個人単位で生きている。では種族の維持はどうなるのか。クローンを含む生物科学が適当数だけ生産する。個人の子としてではなく社会（世界）の子として、子供を作って育てる。その際遺伝子的に劣性なるもの（病気質や犯罪者となる傾向あるものなど）は除去処理されている。総人口は現在よりずっと少ない。セックスはプレイだけとなっている。

では愛は？　広義の愛は存続する。むしろかつてないほど人類愛に溢れた（と見える）世界であろう。しかしながら男女間の恋愛というものは、もうない。恋愛があって夫婦となるのではなく、夫婦を結びつけるための接着剤として発生したのが恋愛感情である。従って夫婦関係というものがなくなれば当然消滅する。ともすると肉体的にも実際アンドロギュノス化していくことも充分考えられる。

以上、後半は想像というより妄想になってしまったが、「夫婦」とは結局種族維持のための一時代的形態と言うしかない。

＊　夫婦とは運命共同体である

…………………　浜田　節子

夫婦とは成人男女の結びつきであり、人類連鎖の礎である。

星の数、砂の数ほどの男と女がこの地球上に生きていて、その中で何らかの条件の一致により夫婦という契約を結ぶ、それを一般に結婚と呼び、夫婦となる。条件については相性あるいは純粋に愛情から魅きつけられることが理想であるけれど、必ずしもそうとばかりはいかず、築かれた家の格式、財産、各種能力に相応しいと判断され引き合わされる例も少なくない。

出会いがあって夫婦という絆を結ぶ。神代の昔からの習い、一人生の変革として自然の道のりと言って差し支えないと思う。結婚により法に触れない性的関係を享受できうるという観点は重要かもしれない。その結果、夫婦はその後の人生に大きく関わり合いながら時間を共にすることになる。多くの場合、子が誕生し、成人までを保護・教育に務め、生活の糧を得、支えるという関係性を抜きにして夫婦は語ることが出来ないからである。

つまり家族というグループにおいて責任義務が生じ、また相応の喜怒哀楽を受けつつ人生という長いレールを歩んでいく運命共同体であれば、同じ舟に乗り合わせた二人、それが夫婦であるに違いない。

もちろん契約であれば、それを破棄することも可能であり、離婚は昨今珍しくない。夫婦は人間関係のもっともシンプルな形態であれば、困難に見舞われることもむしろ自然であり、当初気づかなかった何らかの差異に怒りを感じることもあるかもしれない。夫婦という単体には、多くの親戚縁者の係累が控えているので、ある意味複雑な関係にも発展しかねない。複合的な渦の中で自分の立ち位置を見失わず、夫婦という関係を持続していくには暗黙の辛抱と努力も必要になってくる。

伴侶はある意味鏡である。自分を映す鏡であれば、思い上がることも卑下することも適わない自分自身として、その関係を温かく静かに保っていきたいと願っている。

＊　夫婦とは妻を中心とした形態である

……………前川　幸士

夫婦とは、適法の婚姻をした男性と女性の身分を指す言葉である。共同生活を営み、子どもが誕生した場合それを保護し二人の子として養育する。民法では「夫婦は同居し、互いに協力し扶助しなければならない」とし、夫婦は「同居、協力、扶助」の三つの義務を履行しなくてはならない。そして、夫婦に子どもが誕生すると、夫婦はそれぞれに親の役割を担うことになるが、母親の方が子育てに関わる割合が高くなるのが通常である。

第二次大戦中に特攻隊の兵士たちが、最期に「天皇陛下万歳」ではなく「お母さん」と叫んで特攻したというような話を聴いたことがある。子どもにとって、母親は父親よりも特別な存在ということとなる。あるいは、近代になっても封建的な色合いが濃く残っていた日本社会では、子育ては専ら母親に委ねられていたということも考えられる。

しかし、今日判っていることは、特攻隊員たちで手記などを残している者は、学徒出陣で徴兵された比較的インテリな若者であり、彼らは『万葉集』を愛読していたということである。斉藤茂吉の『万葉秀歌』などもよく読まれていたという。中でも、彼らが共感して読んだのが「防人の歌」であった。「防人の歌」は、古代日本において、多くは東国から徴発されて筑紫・壱岐・対馬など北九州の守備に当った兵士たち、または、その家族が詠んだ歌である。『万葉集』巻二十に集められており、東国方言を用いて、親子・夫婦の哀別を歌った純情流露の作が多いとされる。

「防人の歌」といえば、素朴な農民詩のように思われがちであるが、最近では、防人は比較的富裕層であり知識人であったとされている。国家の政策は必ずしも個人の心情と一致するわけではない。国家の存在は、時に不条理なものとして個人にふりかかる。白村江の戦いの後、国家の防備に当たらざるを得なかった人々の不条理に、国家の勝手な戦争に自らが命を賭さなければならない自身の身の上を託して、学徒出陣の兵士は「防人の歌」に向き合っていたと推測される。

「防人の歌」に詠まれる親子の哀別は、母親に対するものが多い。これは、防人たちが挙ってマザコンであったからではなく、当時の婚姻形態によるところが大きい。当時は「妻問い婚」という婚姻形態が一般的で、夫が妻の家を訪れるだけで、同居しないのが通常であった。妻は結婚しても、そのまま実家に住み続け、夫婦の間に子どもが生まれても、その子どもは妻の実家で養育される。どう考えても父親は、子育てに深く関わっているとは思われない。必然的に哀別の情が歌に詠まれるときには、母親に対するものが大きくなる。「難波津に装ひ装ひて今日の日や出でて罷らむ見る母なしに」とあるように、まず自分の雄姿を母親に見せたいというのである。「ちはやふる神のみ坂に幣奉り斎ふ命は母父がため」という歌では、「母父」と母親が先に詠まれている。自分の命は母父から受け継いだものであると詠っているが、家の中心は母親であったのである。

「防人の歌」を読んで、戦地に赴いた特攻隊の兵士たちも、これらの防人たちの思いを継承していたことであろう。昭和初期に封建的子育て感が強く、父親が家庭で大きな影響力を持っていなかった、あるいは子育てにあまり関与していなかったという理由ではないようである。「妻問い婚」の形態は、冒頭の民法の規定に必ずしも合致するものではない。しかし、封建的な婚姻形態であり、民主主義あるいは男女平等の観点からは否定されるべきものであるというわけでもない。

まどみちおの童謡に「ぞうさんぞうさん、おはながながいのね」というのがあるが、その答えが「そうよかあさんもながいのよ」であり、二番の歌詞では「あのね、かあさんがすきなのよ」とある。象がどのような家族形態を形成しているのかは知らないが、「妻問い婚」は案外、生物としては自然な形なのかも知れない。

◆煩悩とは何か◆

＊思考の産物……………鈴木　康央

自然界に生きる殆んど全ての生き物には煩悩などないだろう。彼らは本能のままに生きているから。本能に迷いはない。もし本能が迷えば、それは生命の危機に直結する問題となる。

★★は行★★

人だけが・・・正確に言えば、高等動物の中には「迷い」を持ち、「苦悩」を感じるものもあるかもしれないが、それはまだ「煩悩」というレベルのものではないと仮定して、即ち人間特有のものと仮定して話を続けようと思う（内心大いに疑問があるのだが）・・・「煩悩」なるものに苛まれるのである。

これを人類の脳を取り出して解剖学的に説明するならば、もしその脳が脳幹部、即ち本能的機能の中枢だけならば、他の動物と同様「煩悩」などとは無縁であったろうに、幸か不幸か、その一番外側に大きく発達した大脳新皮質部、これが人類を人類ならしめた思考を司る高度な機能中枢に他ならないのだが、皮肉にもこれが発達したために「煩悩」と付き合う羽目になったと言っていいだろう。いや、自ら「煩悩」を生み出したと言った方がより適切であろうか。

つまり「煩悩」とは、「思考」によって生まれたものである。「思考」は「未来」を想像する。「未来」を想像すれば、そこに「希望」を抱く。「希望」を抱けば、そこに「欲」が生まれる。この「欲」と現在の自分とのズレ、径庭に心が動揺する状態を「煩悩」と呼ぶのであろうと思う。

だからもし未来に希望など持たなければ、「煩悩」も生じないだろう。しかし、ということは「煩悩」とは生きようという意欲が作り出す副産物である、という逆説も成り立つのではないか。事実、生への希望を切り捨てたタナトス志向に徹底すれば、そこには「煩悩」も存在するまい。

仏陀の説法に「人々は目も耳も鼻も舌も身体も心もすべて対象に向かって燃えている。それは貪欲の炎であり、瞋恚の炎であり、愚痴の炎である」というのがある。そしてこれら「煩悩の炎」を消すことが大事、その境地こそが「涅槃」であると云う。

しかし思うに、我々凡人が「涅槃」の境地に達するのはほぼ不可能であろう。「煩悩」からの解脱は我々には死しかないものと思われる。裏を返せば、「煩悩」こそが生きるエネルギーとも言えるわけで、「生命の炎」と解してもいいのではないだろうか。

ところで西洋における「悪魔」の概念も、「煩悩」と似たようなものかもしれない。つまり「神」なる概念があればこそ、その対照概念として作り出されたのが「悪魔」であって、この「悪魔」を想定することで人間は反省できるのだと思う。もし「神」のみだとしたら、こんな恐ろしいことはない。人間、特にそれを信仰する西洋人はいったい何をやらかすか知れたものじゃない。神（正義）の名の下に何だってやってしまうだろう。

同様に「煩悩」あってこその人間、悩み、苦しみ、自制するのがこの世の人の生き方だと思う。

＊ 煩悩とは、生物と人間のズレである

…………前川　幸士

心身を悩まし、乱し、煩わせ、惑わし、汚す心の作用を仏教の術語で煩悩という。身心を乱し悩ませ智慧を妨げる心の働きである。ここに人間苦の原因があり、ここから解脱することで涅槃へと至る道が開けるということらしい。文教の発展と伝搬にともなって、煩悩の概念にも深い分析が加えられ、時代を経るに従って、さまざまな意味が付加され深化した。中には、煩悩を肯定的に捉えるような発想さえも生まれた。

煩悩は、サンスクリット語の「クレーシャ」の漢訳であるが、音がまったく異なることから、意訳したものであると考えられる。つまり、「煩う（わずらう）」こと、「悩む（なやむ）」ことである。俗に百八つあるとされ、貪欲・瞋恚・愚痴の三毒に慢と疑を加えるなどと言われており、人間の苦そのものであり、一般に悪いものとして捉えられている。除夜の鐘で、払い落とされなければならない、新年に持ち越されるべきでないものである。

しかし、子煩悩などという語の存在が示すように、煩悩は否定されるべきものばかりでもないはずである。煩悩の具体的なものとしては、食欲、睡眠欲、性欲などが挙げられると思われるが、これらは生物としての本能であり、一概に否定すべきものばかりではないようにも考えられる。生物としては、当然の欲求であるが、人間では社会という共同体の中で生活するため、これらの欲求を人間の理性によって、ある程度の範囲内に留めておかなければならない。生物としての本能的な基準と、人間としてあるべき基準との間にギャップがあることで、生じるのが煩悩ではないだろうか。

人類として人間が誕生し、かなりの年月が経過したが、その歴史は地球上に生命が誕生してからの時間に較べると著しく短いものである。人類の誕生や生命の誕生が何時であったか、何年前であったかについては、学会でも諸説が

あって、定説が頻繁に入れ替わっているようである。それ以前に、地球の誕生についても諸説あるようであるが、人類の誕生が生命の誕生よりも、遥かに手前であることについては、異論はない。

つまり、生命の歴史の方が、人類の歴史よりも遥かに長く、その長い生命の歴史の上に人間の歴史があることになる。従って、人間が行う判断の基礎には、生物として身を守るため、種を保存するために行う判断があることになる。人間が、生物として行ってきた判断は直観的に危険を回避するものであったり、自己の遺伝子を残すためのものであったりすることが多い。しかし、それらは、共同体の中で、周囲の個体とのマッチングをはかりながら、行動しなければならない人間としての判断と矛盾することも少なくない。

人間という生物は、社会という共同体をつくって、その環境の中でしか生きることができない。利己的に自己の遺伝子を残し、身を守ることを優先する生物としての本能は、共同体の中では抑制されなければならない場合、抑圧されなければならない場合がある。個が生存するための共同体であるが、共同体の存続のために個が犠牲にならなければならない場合も少なくない。ここに社会の不条理が生まれる。人間が、社会という共同体で生きるためには、生物としての行動や判断とは異なるものを要求される場合が少なくない。

この人間としての行動や判断が、生物としての行動や判断とずれているところに問題が生じるのであるが、これこそが煩悩というものである。そして、この煩悩こそ、人間が最も人間らしい部分であり、他の生物には存在しないものである。煩悩の中にこそ、人間らしさがあり、人間としての面白さもそこにあるのではないだろうか。

＊ 煩悩とは神との断絶に伴う混迷状態である　…………山下　公生

煩悩とは元来、仏教において生まれた概念である。人間の諸悪の根源のことで、正しく生きるための障害となる身勝手な願望あるいは欲望のことで、煩悩は、我執より生ずるとされる。煩悩の根源は貪欲（物を必要以上に求める心）・瞋恚（自分にそぐわないことがあればすぐ怒るような心）・愚痴（真実の理に暗き心）の三つとされ、これらをあわせて三毒とされる。煩悩はこの三毒に始まり、その総数は各宗派により異なり、通俗的には百八と言われているが、

★★は行★★

最大数は六万四千にも及ぶとされている。

これらすべての煩悩を克服し滅した状態が解脱であり、その完成され到達した境地が涅槃、あるいは悟りである。

ただし仏教は、歴史的な伝達過程に伴い、その教理が拡大膨張したが故に、この煩悩を克服し完成した境地へと至る道は、現代の日本仏教において、南無阿弥陀仏の念仏系の来世成就型の他力本願型から、南無妙法蓮華経の題目系の現世成就の自力本願型、只管打坐による座禅や公案による煩悩解脱の自由闊達な悟りの境地へ至る禅宗系、煩悩を昇華させて即身成仏へと至る真言密教系まで多種多様である。

以上のごとく、煩悩の解脱方法とその完成された境地は各々の宗派により千差万別であり、各宗派の煩悩の捉えかたを熟考すれば、対峙する対極概念の教理を思想基盤とする様々な宗派が一括して仏教と呼ばれることに誰も何の違和感を覚えないのは、いささか摩訶不思議な日本仏教の現状であるといえる。日本では、煩悩に対する仏教の様々な対処方法に限らず、多種多様な宗教概念が混在し、日常生活に暗黙の内に内存慣習化されている。

煩悩を昇華させて即身成仏の化身である大日如来の曼荼羅の境地へと至る仏教の密教に類似した思想は、世界の古今東西に多く存在する。まず仏教の誕生地であるインドでは、仏教の誕生以前のバラモン教典に、梵我一如による境地が提示されており、この梵我一如の完成した境地は、密教の煩悩を昇華し完成された境地の曼荼羅の表す世界と類似点を見出すことが出来る。その理由は、仏教の伝道過程において、インドの南方面の東南アジア諸国で上座部仏教となり、東へ向かい中国哲学との接触により大乗仏教が生じ、北へ向った仏教が、古代インド宗教であるバラモン教との接触から密教が生まれたからであろう。

西洋においては、煩悩の昇華思想はキリスト教と対峙するオカルトの原流であるグノーシス思想やカバラ神秘思想において見出すことができる。グノーシス思想では、キリスト教で原罪とされる神の禁じる知恵の実を食する罪の行為を肯定しており、煩悩の自力的な開発利用が特色であり、それは超人的な能力開発をめざしたニーチェの超人思想へと向かわせ、やがては人類繁栄へ導く黄金律を脅かす危険なファシズム思想の温床となる優生思想を生み出すこととなった。

★★は行★★

キリスト教には、煩悩とゆう教理は存在しないが、それに相当する概念はおそらく原罪である。有神論を前提とするキリスト教は、究極的には無神論である仏教と異なり、キリスト教における煩悩とは、人間自身の我執より生ずる精神の混濁状態のことではなく、神の禁じた知恵の実を食し原罪を冒し神と断絶し、旧約聖書のバベルの塔に象徴される神との断絶の結果生じた霊的混迷状態による実在的不安定であるといえる。つまり、仏教で説くところの煩悩の克服である解脱や悟りは、キリスト教においては、神と断絶したが故の霊的混迷による実在の不安定を十字架の神秘なる禊の秘蹟により、神との霊的交信と実在的交流を回復することであり、また密教における煩悩昇華の曼荼羅の表す即身成仏なる境地は、信仰と祈りにより、神からもたらされるカリスマの恵みによる至福と頌栄の境地のことであるといえる。

や行

◆唯物史観とは何か◆

＊人類史を『行為』から観る立場

…………鈴木　康央

人類の歴史は宇宙の歴史の一部に過ぎないのか、それとも特別、例外的な発展史なのであろうか。もとより人類は「人」の集合体「人間」として発展し、歴史を作ってきたのだが、個々の「人」同士の繋がりをどのように観るか、即ち単なる集合的存在なのか有機的結合体なのか、という観点の相違がある。

唯物史観とは、その有機的な部分をできる限り排除し、感性だの理性だの不確かなものは考慮しないで客観的立場から眺めるという態度を言うのであろう。つまり人類の歴史の原動力は物質的、経済的生産力が主力なのであって、意識などというものは副次的なものであるとする。言い換えるなら「意識が人間の存在を規定するのではなく、人間の社会的存在が意識を規定する」ということになろう。これはマルクスの例の「下部構造が上部構造を決定する」とほぼ同義である。

さて私としては、かように一見きれいに整理された数式のような尺度で人類の歴史は語れるものではないと思っている。まず「意識」の定義自体があやふやであり、その所在を「脳」に置くか「こころ」に置くかで左右される。唯物史観は当然、物質である「脳に在り」とするであろうが、それならばその意識と意識の繋がりはどう説明するのか？

はっきり言って、人類の歴史を物質的、客観的に俯瞰するのは無理だと思う。いや無理と言うより、無意味なことだと考える。音楽で譬えるなら、演奏家がただ楽譜をそのまま書かれた通りに音を出すだけでは、それは音楽とは言えない。彼の考え、信念、思いを、楽譜を通して音に変換するという作業こそが真の演奏活動と言えるものである。聴衆の側も、それに対し楽譜だけでは予測されない啓示なり感動を覚えるのであり、そこに芸術の意味がある。人間の歴史もそういうものだと思う。

これを端的に言うならば、人間の営みを「活動」と見るか「行為」と見るか、ということかもしれない。「活動」はダイナミックな予測しづらい流動の中にあって体験するものであり、「行為」は活動の軌跡を、距離を置いて眺めた標本の資料に近いもののような気がする。そして唯物史観とは当然後者の立場であり、見通しよく、何かを探索したり研究したりするには便利であろうが、活力に乏しいものである。

ところで、突飛な考えだけれども、ＳＦ映画でよく見られるように、もし将来コンピュータやロボットが意志を持って人間に反抗するというようなことが現実に起こったとすれば、その時は人間史も唯物史観によって充分説明されることになるだろう。

＊唯物史観とは平等主義の仮面をつけた独裁思想である　…………山下　公生

現代科学の最高理論である相対性理論では、全宇宙におけるエネルギーと物質の総和は等しいとされる。この自然法則を社会法則に適応すると、歴史は形而上的上部構造である精神活動と形而下的部構造である経済活動が相まって進展している。これに異論を唱えたのが、科学的社会理論家を自称した唯物史観の提唱者マルクスである。彼は歴史進展の動因は、形而下の下部構造の物質循環のみが決定しているとし、歴史とは経済構造の発展の流れであり、古代奴隷制、中世封建制、近代資本主義へと進展し、最終的到達地は共産主義であると稚拙化した。またその原動力とは、社会における物質の搾取欲求を根源とした階級闘争による革命であるとし、形而上的上部構造である精神活動の存在を全く認めず、精神活動の最たる存在である宗教を、阿片とまで言い切った。つまり唯物史観とは、深遠な精神エネルギーの存在を全く認識できない、さもしい理論である。しかも、その理論の根底に流れる精神は、客観的な科学精神など微塵の欠片もない、おぞましきカルトさながらの独断的で妄想的な思いこみである。

その唯物史観の持つ秘めたカルト的残虐性は、数十万のユダヤ人虐殺の残酷さで世界に名を馳せたファシズムのヒトラーでさえも驚愕させた。この唯物史観の理論を礎にした共産主義国家の粛清で虐殺された20世紀の犠牲者の数は、中国で６５００万人、旧ソ連で２０００万人、北朝鮮で２００万人、カンボジアで２００万人、アフガニスタンで150万人、ベトナムで100万人、アフリカで170万人、東欧で100万人、中南米で15万人となっており、マルクスが提唱した唯物史観の思想により犠牲となった死者総数は、第一次・二次・世界大戦の死者総数を上回る。共産主義国家こそ、社会の理想的到達点であると断言する唯物史観の信望者たちが、もっとも野蛮で未熟な社会構造とする古代奴隷制の時代に、これほどの大量虐殺が行われたという記録はない。

唯物史観が理論基盤としたのは、ヘーゲルの弁証法である。唯物史観とは、唯心論である弁証法に唯物概念を入れ換えただけのお粗末な思想だといえる。ヘーゲルの弁証法とは、本来はキリスト教の護教のために考案された理論だが、彼は神が理論化出来ないことを認識できず、その理論的欠陥を逆に宿敵の無神論者に悪用されて、唯物史観の誕生に手を貸したのである。ヘーゲルの弁証法の欠陥は、その起点である絶対精神、すなわち神の精神に矛盾があるという大きな誤認をした為である。よって出発点の絶対精神である「テーゼ」、「アンチ・テーゼ」の弁証法的進展は迷走した。彼は誤認したままで、絶対精神から世界精神へと発展する弁証法進展構造を唱えたのである。マルクスは、その弁証法の欠陥である起点の「神の絶対精神」を無視し切り捨てて、その出発点の「テーゼ」にプロレタリアを「アンチ・テーゼ」にブルジョアを入れ換えて、進化論の弱肉強食や自然淘汰なる概念を闘争・革命とゆう暴力的概念に転用し、階級闘争、革命、共産主義なる滑稽で奇怪な疑似弁証法である唯物史観を盗人猛々しく提唱した。

唯物史観とは、要するに力の論理であり、愛の変わりに闘争が、平和の代りに革命が重んじられ、調和の代わりに粛清が為され、宗教に汚名を着せたテロの温床となっている。唯物史観を現実化した共産主義は、一見すると人道主義的な平等を高らかに掲げている。だが、実際の共産主義国家では、冷酷な粛清が決行され、その指導者階級及び管理者階級である富裕層と、労働者階級の貧困層との格差は、かつて共産主義勢力が訴え革命の旗印した平等の現実とはとても言い難く、彼らの宿敵である現代資本主義のブルジョアとプロレタリアとの格差の比どころではない。よって、現実により実証された唯物史観とは、平等主義の仮面をつけた独裁思想である。

◆友愛とは何か◆

＊二匹のハリネズミの距離観 ……………鈴木　康央

太宰治のあまりにも有名な小説「走れメロス」には、中学生くらいに初めて読んだ時から、何かしら胡散臭いものを感じていた。今思うに、その理由はメロスとセリヌンティウスとの友情が人工的契約に基づいたものである、と無意識に感じていたからであろうと思う。彼らの関係は契約的であるがゆえに、最後にお互い殴り合って確認せねばならなかったのだ。彼らはその後も事あるごとにあの経験を語り合い、二人の友情を確認し続けることになるだろう。ひょっとしたらまた殴り合わねばならないことが生じるかもしれない。こういうのはどうも「友愛」とは呼べそうにない。

では、例えば甲子園を目指す高校野球チームのメンバーたちの関係はどうであろうか。よくインタビューなどに答えて言う。「僕らは辛いきびしい練習を共に堪え抜いて、血と汗を一緒に流してきた固い絆で結ばれたチームメイトです。最高の仲間たちです」と。うがったことを言うようだが、私にはこれは一時的に熱に浮かされた状態にすぎないように思える。野球に限らずいかなる団体競技においても、そのチームメイトが団結するのは勝利という実質的目的が先にあるからこそであり、多分に意図的な結びつきであるといえよう。おそらく名門と言われるような強いチームに限って、その中では嫉妬や侮蔑がぐるぐると渦巻いているにちがいない。だからこそ猛練習して余計なことを考える時間を奪い、目標を決めて全員一丸となって熱病状態になるよう努力するのである。こういうのも「友愛」と言うにはほど遠い。

では本当の「友愛」とはどんなものなのか？　言うまでもなく、これはあくまでも私の個人的見解にすぎないのだけれども、結局「二匹のハリネズミの関係」の譬えが一番適切なように思える。即ち、二匹のハリネズミの距離が離れすぎているとお互い寒い思いをする。しかしまた近づきすぎるとお互いの針で相手を突き合って痛い思いをすることになる。適当な距離を保つことが肝要であるという格言である。

　実際、友と思う人物と久しく連絡がないと寂しい思いをするだろう。メールや電話も無いよりはましだが、時には献酬して談笑したいものである。

　一方、確かにいい人間なのだが、時としてうっとうしく感じる友人もいる。それはえてして過度の干渉、あるいは親切の押し売りとも呼べる類のものを感じる時である。本人は心からこちらのためを思ってしてくれる行為も、こちらにとっては余計なお世話と感じることがある。友人であるからそれが親切心から発したものとわかっているので、言い返すこともできなくて苦しい。こういう経験は誰にでもあると思う。

　ハリネズミにも並外れて針の長いのやら、その本数の多いのやら色々いるだろう。畢竟、人間二人いれば男女の違い、年齢の違い、生い立ちや環境の違いなど色々異なるのが当然。たとえ親族であっても、感性やものの考え方まで全く同じであることなど有り得ない。従って、そういう生育過程によって形成された個人的趣味や思想を、たとえ自分にとってどんなに楽しく有意義なものであろうと、そしてお互いよく理解し合える仲だと認めていても、決してそれを強要すべきではない。相手の方から求めてきた時に提供するのが最善だと思うのである。

　距離を保つこと～人によってはかなり疎遠な感じを持たれるかもしれないが～私としてはこれが一番二人の関係を持続させるもの、「友愛」だと思っている。

　ところで、「恋愛」というのは押しつけが許されるし、またそれゆえ苦悩も味わうだろうが、そういう過程自体に意義がある人生経験である。この点で「友愛」とは全く違う性質のものである。

＊聖域にある友愛　……………　浜田　節子

　一般に友愛と言えば、≪協力し合ってみんなと仲良くすること≫というイメージである。けれど、更に友愛を考えていくと太宰治の『走れメロス』に見るような最後まで信じぬく意思の固い友情に行き当る。嘘・疑惑・嫉妬など、負の精神を除外する強い意思の下に成立する関係である。友愛は普遍的な憧れに近いから、

★★や行★★

遠く眺める美しい景色に似ている。手が届きそうでいてなかなかその域にまで達しない。友愛が成立する条件として、礼節がある。お互いの領域に荒々しく踏み込んではいけないという配慮と相手に対する揺るぎのない信頼が不可欠に思われる。

友愛は相手（対象）との精神的な結びつきによって生じる関係であれば、環境（空間）や距離（時間）に左右される。類似点や共通点の多さが、時空の幅を縮め、お互い認め合う友情を育むようになるのかもしれない。

友愛・・・平穏無事な関係を一般的な意味で友愛と称することがある。

互いを信頼し敬意を払い、喜びや悲しみを分かち合うという大人の付き合い、自身のうちに潜む邪念の払拭が第一義である。理想としての友愛は、微塵の不信をも持たないのかもしれないけれど、現実の日常には些細な行き違いが往々にして生じてしまう。

ちょっとした行き違い、トラブル・・・友愛の破綻はごく簡単にみえるが、人間には自己修復作用という働きがある。過ちなどゲームに思えて人をも自分をも許すという大雑把な考えが芽生え、他人に嫌疑を抱かないぼんやりとした曖昧な浄化作用が生じてくる。

鈍感になってしまった故の友愛の情、あくまで純粋とは程遠い混濁・混沌の中の仲良し＝友愛である。

厳密な意味での友愛は確信がないので明言できないが、友愛は不思議な謎の領域にある。掴もうとして掴みきれない友愛の情。恋愛には一目惚れがあるけれど、瞬時のうちに友愛の情がわくということもあるかもしれない。

友愛を語るのに、なぜきっぱり説明できないのだろう・・・それは個人の中だけでは成立不可の関係だからかもしれない。

客観的にもそれを知ることは難しい。友愛のなかには仲間意識という微妙な束縛が生じることがあり裏切りが背中合わせに内在するから、外部からそれを看破できないことが多い。つまり、友愛の成立は常に自分と相手（仲間・社会）との間にあるので、友愛を確信的に把握することは困難である。

自由・平等・博愛の精神という大前提の下の友愛は、客観的によく分かるような気がする。美であり、善であり、真実である友愛は理想の旗印として、人生の指標でもある。わたし達はそのように生きたい！という願望を抱いている。そこから外れた邪念に動かされないように自制している。《友愛は聖域にある》近づけないわたしの後ろには壊れかけた友愛の残骸が幾つも転がっているかもしれない。

しかし、それでもなお、友愛はわたしの前の指標である。

◆優生思想とは何か◆

＊優生思想とは自然を冒涜するものである…………浜田　節子

《障害者は不要、優秀な者だけが生きる権利がある》というような考えを言うらしいが、哀しい論理である。第一、誰にそんなことを発言できる権利があるのかを問いたいくらいで、まったく馬鹿げている。以前、ＩＱが高い人だけが生き残るという米映画を見たことがあるけれど、殺伐とした思いが過ったのを覚えている。

弱者の立場は切ない。人間年を重ねれば必ずや障害が出てくる。あらゆる機能が発達し続け、死がその頂点になるようには創られていない。生老病死、自然の理であり、道である。確かに弱者を支えるエネルギーには大変な犠牲が払われることは承知している。たとえば、わたしなど生産と消費のサイクルに参加できず、消費だけの立場で生きていることを思うと辛いものがある。

深沢七郎の『楢山節考』には老母を背負って山に捨てに行く息子の姿が描かれていた。今、わたしは背負われる年齢に近づいており、働きもないのに鼠のように生きているという僻み根性が心の片隅に眠っている。この思いを覚ますのが『優生思想』である。

意味なく生まれてくるものなどいない、(みんなちがってみんないい)や(世界に一つの花)を聞けば、誰もが肯く。けれど、誰の心にも比較の眼差しはある。比較は向上心につながる有用な心理であるが、差別にもつながる心理でもある。総てに表裏があるという前提のもとに、人間としての自覚・誇りを問えば、自ずと優生思想の是非の答えが導かれるはずである。

共存、共に生きるという自然の論理は、古からの人知である。わたしたちは、手を取り合うという共同体の原理を忘れてはならない。優生思想を貫徹すれば良い社会に生まれ変わるなどというのは幻想に過ぎない。誰が誰より優れているからというのでなく、適材適所、それぞれの人生を選択し生きていく基本を踏まえたうえの共存である。

弱者は好き好んで弱者に生まれたわけではないから、足りない部分は補い合うという自然な体制の社会でなければならないし、個人的にも和の心をもって生きていきたい。『優生思想』とは自然の冒涜であり、許されない考えである。許されない考えであると強く、自身に言い聞かせるべき律である。

＊優生思想とは一過性の過ちである　…………前川　幸士

障害者施設での連続殺傷事件以降、優生思想という言葉を耳にするようになった。人間の優劣は、何を基準に誰が決めるのか、そもそも決められるものではないはずである。

障害のある人や老人などを、劣った人間とする考え方は、人類の長い歴史の中で、労働の成果が蓄積できるようになり、経済的な格差が生じてから以降のことである。太古のネアンデルタールの遺跡、イラクのシャニダール洞窟には、シャニダール1号と呼ばれる重度の障害者の人骨が発掘されている。また、北海道洞爺湖町の縄文時代後期の入江貝塚付近には、入江9号と呼称される重度の障害のある女性の人骨が見つかっている。現代よりも過酷な生活環境の中で、彼らは排除されることもなく、共同体の一員として、他のメンバーから支援を受けながら生活していたのである。太古の人類の姿からは、豊でなくても不幸でない人間の生涯がみえてくる。

モンテーニュの『エセー（随想録）』やルソーの『人間不平等起源論』には、アメリカ・インディアンを究極の自然人として、調和と善意に満ちた古代世界が示されている。より過酷であった原始社会において障害者が包摂されたにも関わらず、文明社会においてそれが出来ないのは、競争原理によるものである。貯蓄の有無や多少によって共同体に差異が生じ、共同体が他の共同体と接触した時、競争が発生し紛争が勃発する。そして、優生思想が生じるのである。

しかし、人類も進化している。多くの過ちを犯しながら、Diversityの考え方にたどりついたようである。この語は通常、「多様性」と訳され、優生思想に対義する概念として使用されることがある。障害のある人に対してバリアフリーという考え方が、以前から存在したが、それをより発展させた形態で、支援サービスが展開されているケースを見かける。

公共図書館における障害者支援サービスなどは、身近な例である。図書館では、高齢者向けのサービスや外国人等への多文化サービスを、これまでも実施してきたノウハウがあるため、多様なサービスを展開する土壌があったと考えられる。

公共図書館における障害のある人へのサービスといえば、貸出期間が長い特別貸出や在宅貸出、テープ図書や音の文庫といわれる音訳本、対面朗読サービスなど、視覚障害と身体障害を中心にカバーしたサービスがまず考えられる。また、聴覚障害のある人には、筆談等でリファレンスが行われている。点字図書や手話サービスも考えられるが、取り組み易いところからサービスが開始されている。

さらに、知的障害のある人や精神障害のある人には、個々人の特性によって状況が異なるので、一括りにすることはできないが、図書館資料の内容が理解できないという課題に対して、資料のリライトや代読のサービスが行われている。

リライトとは、読んでも内容がわからない図書館資源を、判り易く書き直すことで、知的障害などのある人の読書を保障する支援である。著作権法も改正され、知的障害や識字障害などのある人々のために、資料の中身を修正したり不要箇所を削除したり、必要事項を追加したりして複製することが可能となった。

また、知的障害などのある人で、読書が困難な人たちが読書を楽しみ必要な情報を得ることのできる「LLブック」という本もある。生活年齢に応じた内容がわかりやすく書かれた本のことであり、音声などのマルチメディア機能が付加されているものや、資格サインを多用したピクトグラム絵本などもこれに含まれる。さらに、新聞や週刊誌など、タイムリーに読むことに意味がある出版物には、リライトでの対応が困難であるため、できるだけ内容をそのままに、字句や表現を判り易く読む代読サービスがある。親が子に絵本などをダイジェストして読み聞かせる、介助者が高齢者に新聞の内容をかいつまんで伝えるといったことの延長線上でできる。優生思想を乗り越えて、人類は進化しているのである。

◆欲望とは何か◆

＊現代人のそれは無限地獄

……………鈴木　康央

大昔、人類創世記の頃においては、欲望とは「不足を満たそうとする心の動き」であったろう。現実問題として、人類は体力的にはけっして恵まれた生物ではなく、むしろ獰猛な獣たちの絶好の獲物であったかもしれない。そんな彼らがともかく生きんがため衣食住を求める心、これこそが正しく欲望であった。しかしそれは偶然にも左右される他力に依るところが大きく、それが満たされた時の喜びはまたひとしおであったにちがいない。欲望の下に潜む彼らの未熟な小さな心、精神の芽は、その時大いなる力を感じたことであろう。そこから生じた感謝の気持ちが宗教心へと成長するのに長くはかからなかったと想像する。

さて、こうした原始的欲望の時代から一気に現代へと移る。現代人の欲望が上記のような欲望と同質であるとは、とうてい思えない。「生きるための不足を満たす」というような心は疾うに化石になっていて、何にせよよりたくさん、できるだけ多くを我が物として確保したい心、それが現代人の欲望だと推定する。一例として「お金」に対する心の動きを観察するだけで充分納得されるものと思う。

原始的欲望から現代的欲望への推移には、石器を使い、縄を編んだことから始まる、人類の技術と創造力が大いに関与していることはまちがいないだろう。弓矢の発明や稲作も技術と創造力である。この力によって不足を意図的、計画的にカバーできるようになったのである。つまり、それまで偶然のおかげで補われてきたことが、自らの力によってほぼ完全に補えるようになってきたのである。そうして時の経過とともに、人類は安定した生活を維持することを第一目標とし、実際着実にその達成に近づいてきたのである。

安定した生活を手にした時、少なくともそう感じられる日々が重なった時、すでに原始的欲望はもう形骸と化している。と同時に、大いなる力を感じる心などどこへやら、それに対する感謝の念も当然消失した。代わって人類の心を占領し始めたのが自信である。我ら人類にできないことはない、という傲慢と隣り合わせの自信。

感謝を伴う欲望には限度、というよりけじめがあった。しかし、自信に基づいた欲望には際限がない。白地図を塗りつぶすように進行する。現実として地球全体を急速に塗りつぶしつつある。これを「進歩」と賞賛する人もいるけれども、はたしてここに付するのは「！」か「？」か。

ところで、もうお気づきだと思うが、現代でも「生きるための不足」に苦しんでいる人々が大勢いるではないか、ということ。アフリカ諸国の子どもたちや地域紛争で難民となった人々など、その日の食事にも困っている。彼らは今でも原始的欲望の状態なのではないか。

確かに彼らの日々は原始的欲望状態であろう。しかし状態は同じであっても状況が違う。同じ地球に同時に住みながら、片や飽食で食物を日々大量に捨てている一方で、飢えで死んでいく子どもが大勢いる。これは地球全体の物流の偏在、滞りのせいであり、それはまちがいなく現代的欲望に生きている人間の責任である。

これを簡単に資本主義が悪いなどと言う気はない。根本問題は際限のない欲望、即ち「無限地獄」に陥っている現代人の心にある。それは人類の業としか言いようがない。よその子が餓死しようが俺はビフテキを食いたい・・・人類の欲望はここまで「進歩」したのである。

＊　欲望とは内面の自由である

…………　前川　幸士

一般的に、不足を満たそうと強く求める気持ちのことを「欲望」という。その意味では「願望」と同義であるが、強く求める気持ちがあるということは、逆に考えれば強く求める対象の実現が、抑制されているということになる。この抑制が、意識的か無意識的かは、個人の資質や環境によって変わるが、通常は「欲望」を持ったこと、抱いたことによって、罰せられることはない。一般的に「欲望」の有無は、「動機」の有無として扱われ、刑法上は重要な意味を持ち、意図的に行われた行為に対しては厳しく罰せられる。刑事裁判において、殺意の有無は争点となることが多い。逆に、犯罪をおかしてやろうという「欲望」を抱いても、それを実行に移さなければ、刑罰の対象となることはない。また、人妻と関係を持ちたいという「欲望」を抱いた場合、実行に移すと不倫となるため抑制されるが、思っているだけでは非難されるものではない。多くの宗教では、このような欲望を持つこと自体が罪深いと教えているが、公的に裁かれるような性質のものではないはずである。

「欲望」の実現が、意識的にせよ、無意識的にせよ、それが抑制されている状態で、罰せられたり、非難されたりするようなことがあると、凡人には辛い状況になる。「欲望」を抱くこと自体を抑制するのは、余程の聖人でないと不可能なことである。「欲望」や「願望」だけでなく「妄想」や「空想」など、人間の頭の中には、よいこと、よからぬこと、さまざまな思考がわきがってくるものである。また、このような「欲望」や「願望」が、向上心の原点となることも少なくない。すべての人間の頭から「欲望」が消えてしまえば、人類の進歩が止まってしまうといっても、過言ではない。

そのような「欲望」が制限されてしまえば、人間の人間らしいところ、他の動物と比べて秀でたところがなくなってしまうような気がする。ただ、人間の内面は、外側からは見えない、あるいは見えにくい。人間の内面に抱かれた「欲望」は、それが外部に表出することがない限り、誰に知られることもなく、誰に気付かれることもない。「欲望」であれ、「妄想」であれ、内面に抱いて、秘匿している場合は、宗教上の理由がない限り、他からなにもいわれる筋合いはない。

内面に、「欲望」を抱くことは、個人の自由であり、個人の権利である。どのような「欲望」を抱こうと、それを実行に移さない限り、その「欲望」を抱くこと自体は、個人の権利として保障されなければならないはずである。近代国家においては「内面の自由」は、憲法によって保障されているはずである。この権利は、自由権のうち、他者に影響を及ぼさず、行為となって現れないものであり、思想信条の自由や良心の自由として保障されなければならない。ただ、内面のことであっても、外的な行為となって表出することがあり、外部に影響する場合がある。その代表例が、良心の自由としての兵役拒否行動である。その延長で、軍事費相当の納税額の支払いを拒否する良心的納税拒否というものもある。

日本国憲法第 19 条には「思想及び良心の自由は、これを侵してはならない」とあり、この条文によって、思想信条の自由や良心の自由は保障されている。この憲法の条文は、戦前の治安維持法による戦前の言論弾圧の反省に立ったものとされている。昨今、秘密保護法の制定をめぐる議論があったが、反対の論調の多くが、この法律が治安維持法による言論弾圧のような事態に繋がりかねないというものであったと思う。「欲望」を持っただけで、抱いただけで、国家によって処罰されるような時代が、ふたたびやってくるのかと思うと憂鬱である。「欲望」とは、「内面の自由」でなければならない。

＊欲望とは主の聖壇に捧げる燭台である …………山下　公生

生きることは、生理的な欲求を抜きには存在しない。体を維持するための食欲、次世代に遺伝子を継承するための性欲、子供を養育していくための母性本能や父性本能、そして家族を形成するための帰属本能などである。一般的には自然界でのこれらの欲求は、本能と呼ばれることが多い。やがて人間が社会的生活を形成にあたり、自然界ではダイレクトであった本能の行使は、社会生活においては、頻繁に他者との衝突を生じるがゆえ、他者と社会との軌道修正をしながら、本能的欲求は多様な形態をなして欲望となる。その対象は金銭欲、権力欲、名誉欲などである。さらにこれらの欲望は、その実現に長い年月と労力をかければ、やがて欲望は昇華されて社会に益となり賞賛されることがあるゆえ、人生の目的にすり替えられることすらある。だが、欲望とは底なし沼のようなもので、求めても求めても満足するには至らない。犯罪における動機の大半は、他者を無視した個人の無軌道な欲望の結果である。この場合、欲望は容疑者の犯行動機の解明や、その罪の重さを判定するのに大きな存在となる。

仏教において、欲望は輪廻三界における欲界・色界・無色界の三つの世界の最下位の欲界に位置し諸悪の根源である煩悩の源であり、地獄へ通じる。この煩悩の火を消すことが滅諦であり、輪廻を解脱することが悟りである。ヒンズー教との接点にある密教においては、欲望は肯定的に昇華され、マンダラに描かれた中心の大日如来のまわりには、様々な煩悩を昇華して完成された姿が様々な仏として描かれている。マンダラは欲望の理想的昇華方法の設計図ともいえる。またヨーガにおけるクンダリニーにおいては、欲望の霊的循環が説かれ、身体の七つのチャクラ部における開眼はそれぞれの色の光を放ち、その光がオーラと呼ばれるものである。最高位のチャクラは頭頂部にあり、開眼すれば金色の光のオーラを放つとされ、仏像の光背はその存在を意匠化したものである。

西洋における類似性の神秘思想では、カバラ思想におけるタロットカードの基になるセフィロトの樹があげられる。以上、欲望の存在は誰しもが認めるものであるが、その欲望を肯定的に捉え活用するか、否定的に捉えて制御、あるいは縮小化させるかの対極の志向性に分かれる。いずれにせよ、神の存在を抜きにした欲望の志向性は、羅針盤なき人生航路といえるのかもしれない。

聖書では人祖アダムとイブは、神により、すべての欲望が昇華され満たされた楽園エデンの園に住んでいたが、神の存在を忘れて欲望に支配された人間が最後に行き着くところは、悪魔のささやきに魅せられて魂を売り渡すことであった。悪魔はアダムとイブにささやいた。「その禁断の果実を食べればあなたは、神になれる」と。これこそ、神を忘却し欲望に支配された人間の成れの果ての姿である。悪魔にそそのかされて神になろうと禁断の実を食べ、悪霊に憑かれた人間は、神に楽園を追放されて、神の遣わした神の御子に悪霊を祓がれるまで、苦難と困悪の迷路をさ迷うのである。クリスマスとは、この御子の誕生（降誕）による悪霊の呪縛解放を祝う日である。

不遜なる神不在の欲望の昇華思想は、忌むべき優性思想やファシズムへと向かい、欲望の極端な否定思想は、ニヒリズムやアナキズムへと連なり危険なテロ思想の温床となる。

では神と共にある欲望の昇華実現とはいかなるものか。それは個人の欲望の実現が個人の喜びと同時に万人の喜びとなることでもあり、個人を活かす欲望の行使が同時に社会の益となることになる自他共栄の道である。だが、その実現に至る道は形而下の世界にはない。つまりは、在りのままの欲望の炎を主の聖壇の燭台へ燈して祈りと共に捧げることである。すると自ずと日常生活のなかに、神により最適に活かされている欲望の姿を垣間見ることとなるであろう。

★★や行★★

ら行

◆倫理とは何か◆

＊かつて『恥の美学』であったもの…………………鈴木　康央

元来日本人の倫理観とは、「恥の美学」であったと思う。法に触れるかどうかとか裁判の勝ち負けに関係なく、世間体に恥じることを悪徳とする観念ではなかったろうか。裁判沙汰になること自体が恥なのである。恥じて生きるよりは死を選ぶ生き方であった。これは論理や理屈で考える善悪ではなく、むしろ感性が生み出す美意識である。

一方西洋（一神教、特にキリスト教諸国の人々）には、我々日本人には殆んど理解不可能なものとして「原罪」という概念がある。彼らにとっての倫理の基盤となるのは、この原罪に対する「後ろめたさ」に他ならない。そこで彼らはそれを払拭するための手段として、知性と理性をフル回転させて作り出したものが「法」というものである。それはあたかも物理の公式のような厳格さを持つ。そうでなければとてもじゃないが「原罪」に対抗し得ないから。

そしてその法の遵守の根本概念が「契約」という概念である。神との契約、そして人と人との間の契約。これが彼らの絶対とする拠り所なのである。

従ってトラブルが発生すれば、何でもすぐに裁判に掛けようとする。そして裁判に勝つことが正義なのである。叱責を覚悟で言わせてもらえば、彼らはたとえ法に触れようが、あるいは良心の呵責があろうが、裁判に勝てば自分は正しいのであり、その瞬間から大手を振って世間を闊歩できるのである。それが「契約社会」というものだ。そして彼らの倫理もそこに付随している。「原罪」などとは縁がなく、それゆえ「契約」の意味をよく理解していない（できない）日本人が他国との外交で誤解が生じやすいのも当然と言えば当然のことだろう。

さて、その日本人の倫理観については冒頭に記したが、私はそれを過去形で書いた。「恥の美学」は過去のものか？「恥」を感じるには、その前提として人々の間に「世間体」という共通概念が出来ていなければならない。昔の日本には確かにそれがあった。だからこそそれを主題とした小説なり戯曲文学が多く書かれ、読者からも多大の共感を

★★ら行★★

得たのである。

しかしいつからか・・・文明開化と称した明治時代（可能性あり）か、または大戦後（これは確実）からか、その共通概念がなくなってきた。強制的撤去もあったし、人々の積極的放棄もあったろう。言葉でも、「忸怩たる思い」だとか「汗顔の至り」「慙愧」「沽券」「面子」「面目」などというのは死語になりつつある。そういう感情の実体験のない言葉は消えていくのだろう。ある言葉が使われなくなるということは、それを背景とする文化が廃れたことを意味する。

では「恥」の感性を失い、「原罪」など元より持ち合わせていない現在の日本人の「倫理」とは何なのだろう。

毎日のニュースで報じられる政治家や企業トップの言動、また庶民間の事件などを見ていると、正に慙愧にたえないが、今の日本人には倫理がない、と言うしかない。

＊倫理とは自身を映す鏡である

……………浜田　節子

秘かに育てられていく倫理という潜在意識には人により微妙な差異があるかもしれない。立場や状況に於いて生じるズレは、倫理そのものが社会や人間関係の中に於ける規約（道徳）であるから。けれど、もちろん動かしがたい核はあるわけで、「正義」に照らし合わせることは要である。

無の中に倫理はない。有（複数の存在者＝世界／社会）の秩序としての倫理であれば、常に社会規範との照合に倫理の答えはある。ということは、人間が成長し、社会に入っていくプロセスにおいて学び習得していくべき必須の条項である。「倫理」という授業を記憶していない、無かったようにも思う。《人はこうあらねばならない》という半ば強制的な教え方を廃した戦後教育は、自由を詠っていたからである。自由であり平等であるべき教育には、倫理は影の薄い教えになり、倫理という言葉そのものすら聞かなくなっている。

人は如何にあるべきか・・・平和的共存の要は思いやり譲り合いの精神、つまりは道徳である。人は行動するとき、選択の自由があるゆえにいつも迷っている。この道しかないという束縛からの解放は、ある意味倫理観を放棄する傾向を見せているかもしれない。しかし・・・人は考える、より良く生きるための社会秩序に倣おうと。

人は常に反問する・・・これでいいのだろうか・・・この問いこそが倫理を育てる土壌である。人を想い、人との和合を願う。真であり善であり美である選択を正義に照らして答えを導いていく習慣が、倫理の精神であると解釈する。倫理の本質は「愛」であるといってもいいかもしれない。

社会（みんな）の中のわたし、わたしの中の社会（みんな）であれば、倫理とは、わたしを映す鏡に他ならない。

＊倫理は究極的に黄金律に至る

…………山下　公生

自然界の生物は弱肉強食の食物連鎖の法則の中で生命を維持繁栄させている。人間はこの食物連鎖の頂点に位置する存在だが、それは人間が自然界で最強の動物で自然法則に適応して食物連鎖の頂点に至った訳ではない。個体として弱者である人間は、生き残るために集合体として結束し、より強固な集団生物として捕食者に打ち勝つ方法を模索し確立してきたからであるといえる。その方法とは、外的結束力のための約束事の法と、内的結合のための求心力である宗教であるといえる。

社会の秩序を維持しその国民相互の関係を整えるために、国家権力によって外面的な統制を加える規範が法で、これに対して、内面からの自発的力で社会的秩序を守らせようとするものが宗教などである。倫理も社会における規範一つの形態だが、しかしそれは法律とは違って国家による強制力をともなわず、内的な良心や習慣や価値観に由来している。そうゆう意味では倫理は、外的統制のための法と内的結束力の宗教との中間に位置するものである。この倫理を探求する倫理学は、社会・国家・法律・制度等と関わり道徳的規律を規定し、同時に内的な心情に関わり、宗教的で自発的な行動規範を啓発している。

倫理学の歴史は、東洋では中国の東周春秋時代の魯の孔子によって体系化された儒教にさかのぼる。儒教では、五常（仁、義、礼、智、信）という徳性を拡充することにより五倫（父子、君臣、夫婦、長幼、朋友）関係を維持することを教えた。当初、封建制度を維持するための外的な規範を強調した儒教は、その後、中国に仏教が伝わると、その仏教の慈愛の教えによる仁の深みと、空の思想による切れ味を智に取り入れ、その後、内面性を充実発展させながら、二千年以上にもわたる歴史を経て現代に至り、倫理学は、仏教と共に東洋の精神文化における重要な主柱を成している。この東洋の倫理学は、精神文化として優れたものであるが、唯一の欠点は、最高次の行動規範が、封建制度の最高権力者たる君主への忠誠に集約されているヒエラルキー構造となっていることであり、民主的思想が主流である現代においては、時代錯誤的な違和感や不自然さが見出せるところである。

東洋の倫理における主軸は、儒教にあり、倫理学の規範根源は君主にあるが、西洋における倫理の主軸はキリスト教であり、人間規範の最高の手本、あるいは内的良心への発信者は神である。その倫理の原型ともいえる規範は、聖書に見出せる。すなわち、唯一の神を信じ、決して裏切らず、愛し尽くす。そして人を殺さず、騙さず、他人のものを盗まない。さらに親孝行に勤め、隣人を愛する。これは、東洋倫理の中心的命題である忠、誠、義、孝、仁に対応し、東洋倫理の君主への忠誠を西洋倫理の神への信仰へと置き換えるならば、その両者の倫理観は極めて近似的であり、このキリスト教と儒教とがともに否定している倫理観とは、社会における弱肉強食なる力の論理であり、これは人間が自然界で悠々と君臨できているのは、利己的で即物的な弱肉強食の力の論理にかわる精神的な自他共栄の倫理観の賜物であることを示している。ただし、儒教的東洋倫理とキリスト教的西洋倫理は、最終的に目指す理想社会は究極的に同一ではない。最高権力者の天帝とそれに仕える聖人政治による東洋倫理の理想社会と、神のもとに平等である万人が互いに助け合いながら、黄金律に則り、神の統治する理想郷の御国へ向かうキリスト教的倫理観との明瞭な相違を認識しておく必要がある。ただ、キリスト教は民族宗教ではなく、普遍宗教なので、西洋倫理とゆうよりは普遍倫理である。

人間は一人で完璧な者は存在せず、その弱点を補い合うことで自然界の食物連鎖の頂点に至り現在がある。倫理学は、その深い摂理をたえず発信している。そしてまた倫理の究極は、神の統治する黄金律へ至るのである。

【編者紹介】

ロゴスドン編集部の『ロゴスドン』は、ヌース出版が平成6年3月1日に創刊した哲学雑誌です。平成21年6月1日発行の第78号をもって休刊となり、同年9月1日よりヌース出版のホームページ上で『ロゴスドン』Webとして再スタートいたしました。『ロゴスドン』とは哲学が諸学問の総称であることを前提に、過去・現在の様々な哲学を参考にしながら混迷の時代を賢明に生き抜くための雑誌です。各分野の研究者からご提供いただいた現代社会の病弊に対する処方箋をご紹介すると共に、理性の立場にたってものごとをより深く知ろうとする哲学的な新生活を推進することを目的としています。


【懸賞公募】

『ロゴスドン』Webの「哲学カフェ」で、あるテーマに対する皆様方の考え方、主張、思想、定義、哲学などの小論文を募集しています。入選作品の中から特に優れたものを厳選し、数年後に『哲学カフェ傑作選　第3集』として発行することを予定しています。弊社のホームページで詳細をご覧いただき、ぜひ、ご応募下さい。

（ホームページ）http://www.nu-su.com

哲学カフェ傑作選　第2集
―50のテーマで世界を探る明快定義集―

2018年7月30日　発行

編　者　ロゴスドン編集部
発行者　宮本明浩
発行所　株式会社ヌース出版
東京都荒川区東尾久 2-45-6-703
http://www.nu-su.com

ISBN978-4-902462-22-7